Die neueste Entwicklung des deutschen Gewerbe- und Arbeiterschutzrechtes.

Von

Dr. Fritz Stier-Somlo,

Universitätsprofessor in Bonn.

München, Berlin und Leipzig.

J. Schweitzer Verlag (Arthur Sellier).

Die neueste Entwicklung des deutschen Gewerbe- und Arbeiterschutzrechtes.

Von

Dr. Fritz Stier-Somlo,
Universitätsprofessor in Bonn.

U. E. Sebald,
Nürnberg und Leipzig.
1910.

U. E. Sebald, Kgl. Bayer. Hofbuchdruckerei, Nürnberg.

Herrn

Geheimrat Dr. Philipp Zorn

ordentlichem Professor an der Universität Bonn, Mitglied des Herrenhauses
und Kronsyndikus

aus Anlaß seines 60. Geburtstages
— 13. Januar 1910 —

in herzlicher Verehrung
gewidmet.

Vorwort.

Der Gegenstand der vorliegenden Schrift ist von mir in dem Winterkursus der Cölner Vereinigung für rechts- und staatswissenschaftliche Fortbildung im November und Dezember 1909 in fortlaufenden Vorträgen behandelt worden. In etwas erweiterter Gestalt erscheint der Inhalt meiner damaligen Darlegungen. Ich freue mich, dieses Werk mit dem Namen eines Mannes zieren zu können, der zu seinen vielen Verdiensten auch noch dasjenige der tatkräftigen Förderung jener staatswissenschaftlichen Fortbildungskurse hinzugefügt hat.

Bonn, Weihnachten 1909.

Stier-Somlo.

Inhaltsverzeichnis.

I.

Entwicklungstendenzen der GewO. — Aufgaben und Ziele. — Umgrenzung der folgenden Erörterungen.

Dem reichen und vielgestaltigen Stoff einer Gewerbepolitik, mag man sie vom rechtlichen oder vom volkswirtschaftlichen Standpunkt aus untersuchen und zu fördern trachten, entspricht wie ein, wenn auch nicht vollständiges Spiegelbild das in der deutschen Reichsgewerbeordnung niedergelegte Recht. Wie dort Fabrik und Handwerk, Hausindustrie und Heimarbeit, freier Arbeitsvertrag und Arbeiterschutz in differenzierter Problemfülle eine nie abreißende Kette von Aufgaben zeigen, vor die sich wissenschaftliche Arbeit und öffentliche Meinung, Interessentenkämpfe und Gesetzgebung, dynamische soziale Kräfte und praktische Verwaltung allezeit gestellt sehen, so ist auch die Reichsgewerbeordnung von einem Reichtum der rechtlichen Regelungen, der fast beispiellos zu nennen ist, der aber auch der Gefahr hypertrophischer Zusammenballung längst ausgesetzt war und ihrer nicht Herr werden konnte. Nach einer Reihe von Vorschriften, die die grundsätzliche Durchführung der Gewerbefreiheit in nicht immer prägnanten und zu Zweifeln manchen Anlaß gebenden Sätzen dogmatisieren, die die Stellung der Frauen[1]) und juristischen Personen, das Verhältnis von Gewerbebetrieb und Bürgerrecht festlegen wollen, folgen solche, die die allgemeinen Erfordernisse des stehenden Gewerbebetriebes — Anzeige und Namenanbringung beim offenen Laden[2]) — betreffen und in ihrer Harmlosigkeit eigentlich die Gewerbefreiheit nur schärfer akzentuieren wollen. Aber schon beginnt hierauf die Reihe von Ausnahmen mit den Vorschriften über die Anlagen und über die Gewerbetreibenden, „welche einer besonderen Genehmigung bedürfen“[3]), — es handelt sich um die Konzessionen und Approbationen, wie unser sprachreinigendes Zeitalter beharrlich sagt —; an sich wohl gerechtfertigt, aber doch Beschränkungen der Gewerbefreiheit. Gewiß ist hinsichtlich des Umfanges der Gewerbebefugnisse ein wunderschöner Grundsatz geprägt, der den selbständigen Gewerbetreibenden sowohl hinsichtlich der Zahl als auch hinsichtlich der Wahl seiner Gesellen, Gehilfen, Arbeiter usw. frei stellt (§ 41). Aber es folgen gleich die Bestimmungen über die Sonntagsruhe (§ 41 a und b), die

1) Übrigens in einer durch das BGB. beeinflußten Form hinsichtlich der Ehefrauen (§ 11 a GewO.).

2) Letzteres in § 15 a daselbst gemäß Art. 9 Ziff. 1 des EGzHGB. vom 10. Mai 1897.

3) §§ 16—28 bezw. 29—40 und hinsichtlich des Erlöschens der Genehmigung usw. §§ 49 ff.

Beschränkung eines vom Geschäftslokal losgelösten Betriebes (§ 42 a), die Regelung des ambulanten, des auf Verbreitung von Druckschriften gerichteten Gewerbebetriebes (§§ 42 b und 43), der Tätigkeit der Handlungsreisenden (§§ 44 ff.) und gar die Vorschriften über den nach Ansicht unserer Gesetzgeber arg überwachungsbedürftigen Gewerbebetrieb im Umherziehen und den Marktverkehr (§§ 55—71) — gewiß vortreffliche Dinge, aber von einer Gewerbefreiheit in Reinkultur kann keine Rede sein. Von einem Durchbruch des veralteten Zunft- und Innungswesens ist — zuerst in Preußen, schon 1810[4]) — das moderne Gewerberecht ausgegangen. In einer freilich gegenüber dem 18. Jahrhundert gewandelten aber nichts weniger als „freiheitlichen", keineswegs der Entstehungszeit der Reichsgewerbeordnung entsprechenden Form hat aber die Kodifikation eines wesentlichen Teils[5]) vom Handwerkerrechte durch die bekannte Novelle vom 26. Juli 1897 in die GewO. Eingang gefunden (§§ 81—104 n).

Einen außerordentlich großen Raum nimmt der berühmte Titel VII ein (§§ 105—139 m), der das Recht der gewerblichen Arbeiter behandelt. Gesellen, Gehilfen, Lehrlinge, Betriebsbeamte, Werkmeister, Techniker und Fabrikarbeiter sind hier in ihren rechtlichen Beziehungen in einen Rahmen gespannt. Diese Hauptquelle des Arbeiterschutzrechtes ist durch die Novelle vom 1. Juli 1891 neu festgestellt, durch spätere Bestimmungen, insbesondere der letzten Jahre mannigfach geändert worden. So stößt auf das Handwerk, welches ebenfalls „geschützt" werden sollte, schon rein äußerlich das Gewerbe; wie jenes, so erfuhr auch dieses eine Rückwärtsrevidierung der Gewerbefreiheit. Denn wenn auch der § 105 kühnlich behauptet, daß „die Festsetzung der Verhältnisse zwischen den selbständigen Gewerbetreibenden und den gewerblichen Arbeitern Gegenstand f r e i e r Ü b e r e i n k u n f t ist", so fügt er doch hinzu, daß dies nur „vorbehaltlich der durch Reichsgesetz begründeten Beschränkungen" gelten solle. Nun sind schlechterdings a l l e nachfolgenden Bestimmungen von § 105 a bis zu der letzten jener vieler Vorschriften, die durch zahlreiche unterscheidende Buchstaben geschmückt sind, nichts als derartige „Beschränkungen". Niemand bestreitet, daß ein Arbeiterschutz notwendig war — mancher bemängelt freilich sein Tempo und sein Maß; wenige leugnen seine große, meist günstige Wirkung in ethischer, volkswirtschaftlicher, gesundheitlicher, nationaler und internationaler Beziehung. Aber von Gewerbefreiheit im Sinne des Jahres 1869, in dem die Reichsgewerbeordnung entstand, kann

4) Über einzelne Ansätze zur Gewerbefreiheit 1806 und 1808 z. B. für die Textilindustrie und die Ernährungsgewerbe hinsichtlich der Aufhebung des Zunftzwanges und des Verkaufsmonopols der Bäcker, Schlächter und Höckergewerbe in den Städten der Provinzen Ost- und Westpreußens und Litthauens siehe v o n M e i e r, Französische Einflüsse auf die Staats- und Rechtsentwicklung Preußens im 19. Jahrhundert, 2. Bd.: Preußen und die französische Revolution, 1908 S. 291 ff.

5) Nicht des ganzen; draußen bleibt z. B. die Regelung des F o r t b i l d u n g s s c h u l w e s e n s, das in den §§ 81 b, 83, 120, 150 nur gestreift wird; das Submissionswesen, die Handwerkerversicherung, das gewerbliche Genossenschaftswesen usw.

man nicht mehr reden. Gegenüber dem mittelalterlichen Zunft- und dem polizeistaatlichen Konzessionssystem[6]) ist ein in allen Beziehungen klarer Gegensatz wohl denkbar und dem Gedanken des Adam Smith und seiner Richtung durchaus gemäß. In Wirklichkeit hat sich aber eine solche absolute Gewerbefreiheit kaum irgendwo gefunden oder auf die Dauer gehalten, nur daß es eben auf das jeweilige Maß der Ungestörtheit ankommt, das vom Staate dem einzelnen hinsichtlich seiner Handlungsfreiheit auf gewerblichem Gebiete gelassen wird. Ist jenes Maß besonders groß, ist das Fernsein gewerbepolizeilicher Einmischung auf ein übrigens unerläßliches Mindestmaß zurückgeführt, so hat man eben „Gewerbefreiheit", die nicht einen Rechtsbegriff darstellt, sondern ein staatliches, wirtschaftlich-politisches System kennzeichnet. So dachte man zur Zeit der Entstehung der Reichsgewerbeordnung die Gewerbefreiheit in diesem Sinne durchzuführen. Auch heute sind einige wichtige Grundlagen des Gewerberechtes im Sinne dieser Gewerbefreiheit unverlierbar, wie daß der Betrieb eines Gewerbes grundsätzlich jedermann gestattet ist, daß die noch bis ins 19. Jahrhundert hinein wichtige Unterscheidung zwischen Stadt und Land in bezug auf den Gewerbebetrieb und seine Ausdehnung aufgehoben ist, daß die Zünfte und kaufmännischen Korporationen kein Recht haben, andere von dem Betrieb eines Gewerbes auszuschließen, und daß ausschließliche Gewerbeberechtigungen, Zwangs- und Bannrechte usw. aufgehoben bleiben. Im übrigen aber ist die gewerberechtliche Entwicklung in Deutschland seit etwa 1878 und besonders seit 1891 immer mehr von Gedanken und Strömungen beherrscht, die denen des Merkantilismus am nächsten kommen. Bezeichnend ist, daß diese Wandlung weder in den politischen Körperschaften, noch in wissenschaftlichen Werken als eine „Prinzipsschwenkung" klar zum Bewußtsein gekommen ist. Ich glaube, es liegt dies daran, daß die wachsende wirtschaftliche, insbesondere industrielle Bedeutung Deutschlands zu früher unbekannten Bedürfnissen geführt hat, die sich ihrerseits wie von selbst in — keineswegs überall befriedigenden und keineswegs alles Notwendige regelnden — Rechtsnormen niederschlagen.

Das meiste von diesem Rechtsstoff bringt aber wohl die Gewerbeordnung. Welche Vielgestaltigkeit schließen jene Bestimmungen über das Handwerk und den gewerblichen Arbeiterschutz ein! Dort ist das Entstehen und Wirken, die Organisation und der Aufgabenbereich der Innungen — auch der sogenannten fakultativen Zwangsinnungen — und Innungsausschüsse abgesteckt, die Interessenvertretung in Handwerkskammern organisiert, ohne dadurch den Innungsverbänden vorzugreifen. Diese haben die Aufgabe, Innungen, Innungsausschüsse und Handwerkskammern in der Verfolgung ihrer gesetzlichen Aufgaben, sowie die Behörden durch Vorschläge und Anregungen zu unterstützen. Die Regelung des Arbeitsnachweises, die Errichtung und Unterstützung von Fachschulen ist ihr gutes Recht. Hier, in dem Titel über die gewerblichen

6) Über das Wesen des Zunft- und Konzessions-Systems orientiert gut zusammenfassend Kulisch, System des österreichischen Gewerberechtes, Bd. 1 (1905) S. 20 ff.

Arbeiter drängt sich eine fast unübersehbare Reihe von modernsten Rechtseinrichtungen zusammen. Der gewerbliche Arbeitsvertrag erscheint in seiner ganzen Ausdehnung; Entstehung, Endigung, Kündigungsfristen mit allen rechtlichen Folgen; Vorschriften, die zum Teil auch für die modernen Formen des Akkord- und Tarifvertrages die nötigen Handhaben liefern müssen. Sodann: Sonntagsruhe, Arbeitsbuch, Lohnbücher, Arbeitszettel und Arbeitszeugnisse, Lohnzahlungen, Truckverbot, Lohneinbehaltungen; Schutz der jugendlichen, weiblichen, aber auch der erwachsenen Arbeiter, insbesondere gegen Gefahr für Leben, Gesundheit und Sittlichkeit. Das Recht der Lehrlinge wird besonders geregelt, ebenso dasjenige der Personen, die ein Gewerbe handwerksmäßig und selbständig betreiben. Über Gesellenprüfung und Meistertitel, über die Verhältnisse der Betriebsbeamten, Werkmeister, Techniker gilt eigenes, vor allem gelten „besondere Bestimmungen für Betriebe, in denen in der Regel mindestens 10 Arbeiter beschäftigt werden“[7]. Arbeitsordnung, Arbeiterausschüsse, Maximalarbeitstag und Mindestruhe, Verbot der Nachtarbeit der Frauen, Arbeitspausen, Beschäftigung der Wöchnerinnen tauchen hier auf. In offenen Verkaufsstellen befindliche Gehilfen, Lehrlinge und Arbeiter sind erst seit der Novelle vom 30. Juni 1900 eines besonderen Schutzes teilhaftig geworden, insbesondere kommt hier der Ladenschluß in Frage. Lassen wir die gewerblichen Hilfskassen, die statutarischen, die Straf- und Schlußbestimmungen beiseite — an der überwältigenden und die Praxis nicht selten verwirrenden Buntheit und Verwickeltheit des Rechtsnormenkomplexes, den die Reichsgewerbeordnung aufweist, kann man nicht zweifeln.

Die viel verspottete Häufigkeit der Änderungen, die an der Gewerbeordnung durch die gesetzgebenden Faktoren vorgenommen worden sind, erscheint vom rechtshistorischen Standpunkte aus überaus lehrreich. In ihnen kommt zum Ausdruck, auf welche Weise, mit welcher übrigens wechselnden Intensität der 1869 maßgebende Grundsatz der Gewerbefreiheit modifiziert worden ist. Es geschah dies zwar nicht durch ausdrückliche Erklärungen, aber doch durch Einführung einer überwältigend großen Zahl von Vorschriften, die jenem Grundsatze schnurstracks widersprechen. Es entspricht dies dem Gange der sozialen und wissenschaftlichen Entwicklung in Deutschland, aber auch den gewandelten staatspolitischen und nationalökonomischen Ansichten, einer Änderung der Auffassungen in den führenden politischen Kreisen und einer sich allmählich fast ins Gegenteil kehrenden Geistesströmung, deren Etappen mit annähernder Genauigkeit in den Novellen zur Gewerbeordnung ausgeprägt sind. Um es nur an dem e i n e n Beispiel anschaulich zu machen: Der Arbeiterschutz ist durch die Novelle vom 17. Juli 1878 zwar mit vollem Bewußtsein seiner Notwendigkeit, aber doch noch zaghaft in die Tat umgesetzt worden. Die Sonntagsruhe war überhaupt noch nicht durchgeführt, der Schutz

7) Der Abschnitt IV Titel VII der Gewerbeordnung, welcher bisher die Überschrift führte: „Verhältnis der Fabrikarbeiter“ erhielt durch die Novelle vom 28. Dezember 1908 die Fassung, die im Text angegeben ist.

der Arbeiterinnen erschien ungenügend. Jede Fortbildung dieses Rechtszweiges scheiterte an dem ablehnenden Verhalten der verbündeten Regierungen, die vor dem Abschlusse der Arbeiterversicherungsgesetzgebung einen weitergehenden Arbeiterschutz nicht wollten. Es wurde aber schließlich das Alters- und Invaliditäts-Gesetz vom 22. Juni 1889 erlassen; es kam der große Bergarbeiteraufstand in demselben Jahre und nun erschienen die kaiserlichen Erlasse vom 4. Februar 1890. Das Gewerbegerichtsgesetz wird geschaffen und die Novellen zur Gewerbeordnung von 1896, 1897, 1900 greifen kühner aus. Nicht nur das sogenannte Handwerkergesetz entsteht, es wird auch die Einführung von Lohnbüchern und Arbeitszetteln für einzelne Gewerbe ermöglicht, das Lohnzahlungsbuch für den minderjährigen Fabrikarbeiter bestimmt, die Kündigung des Arbeitsvertrages der Betriebsbeamten, sowie Arbeitszeit, werktäglicher Ladenschluß, Lehrlingshaltung und Erlaß von Arbeitsordnungen in den Detailgeschäften des Handels geregelt.

Diese Entwicklungsgeschichte der Reichsgewerbeordnung bedingt nicht nur ihre krause äußere Gestalt, die durch das Hinein- und Zwischenschieben von Paragraphen unübersichtlich geworden ist[8]), sondern auch eine Zusammenfassung innerlich wesensverschiedener Materien sowohl wie Rechtsanschauungen. Die „allgemeinen Bestimmungen" der §§ 1 ff. sind aus einem ganz anderen Geiste geboren wie die der §§ 105a—105i (Sonntagsruhe). So ergeben sich verschiedene Rechtsschichten, den geologischen Schichten vergleichbar, nur daß sie ihre innere Differenz nicht Natur und Zeit, sondern wirtschaftlichen und geistigen Wandlungen, die ich andeutete, verdanken. Wegen dieser Neben- und Übereinanderlagerung ist es so schwer, nicht nur ein einheitliches Bild von der geltenden Reichsgewerbeordnung zu gewinnen, sondern auch ihre Veränderungen aus den bestimmenden inneren Momenten heraus zu erfassen und jene dem Ganzen einzugliedern. Volkstümlicher gesprochen: Es entzieht sich der so häufig hinzukommende Novellenstoff der

8) Es gibt z. B. §§ 100, 100a—100u; §§ 105, 105a—i; §§ 120, 120a—e; §§ 133a, 133aa, 133ab, 133ac, 133b, c, d, e, f, g, jetzt auch 133h, sogar 139aa findet sich in der Novelle vom 28. Dezember 1908! Ist es denn so schwer, eine fortlaufende Paragraphenzahl von Amts wegen festzustellen und durch eine Liste anzugeben, welcher früheren Bestimmung die neu bezeichnete entspricht? Gewiß hat man an die baldige weitere Abänderungsnotwendigkeit und nochmalige Einschiebungen gedacht, aber einmal muß doch diese Unübersichtlichkeit aufhören. Gesetzt den Fall, die Durchnumerierung der Paragraphen würde mit dem Ende des Jahres 1909 oder 1910 stattfinden, so könnten eventuelle spätere Novellen in Gottes Namen wieder mit Einschiebungen und a, b, c beginnen. Aber das wären doch nur Ausnahmen. Auch wäre zu erwägen, ob man nicht nach Möglichkeit den bisherigen Gesetzkodex als abgeschlossen ansieht und neuauftauchende Rechtsmaterien in besonderen Gesetzen regelt, wie z. B. die Rechtsverhältnisse der Hausgewerbetreibenden, die aus der sogenannten großen Gewerbenovelle vom Jahre 1907 noch zur Zeit unerledigt sind. Ein Anfang mit solcher Sondergesetzgebung ist bereits gemacht worden mit dem Gewerbegerichtsgesetze und dem Kinderschutzgesetze. Auch dies scheint durchaus erwägungswert, das Arbeiterschutzrecht im engeren Sinne, den jetzigen Titel VII, aus dem Rahmen des Gewerberechtes herauszunehmen und eine Kodifikation des Arbeiterschutzrechtes zu schaffen.

frischen und unmittelbaren Aneignung selbst für den warm interessierten Juristen, Verwaltungsbeamten, Politiker, Publizisten usw.; er läßt im Dunkeln hinsichtlich seines Ursprungs, seiner Motive, seiner Einordnung in das bisherige Ganze; all dies mit einem gewissen spröden Fürsichsein, d. h. einer scheinbaren Zusammenhanglosigkeit mit den sonstigen geläufigen Teilen des Rechtssystems und sogar mit dem Kern des Gewerberechtes.

Deshalb soll im Folgenden die Kenntnis des neuesten Stoffes nicht lediglich um seiner Neuheit willen, sondern auch deshalb vermittelt werden, weil die jüngste Entwicklung, wenn sie an die bisherige anknüpft, auch diese und damit wichtigste Elemente des Gewerberechtes kennen und verstehen lehrt; weil das Einleiten der jüngsten Rechtsquellen in den längst dahinfließenden breiten Strom jene aus der Isoliertheit erlöst. So soll das Alte am Neuen, dieses an jenem begriffen werden. Bei der verhältnismäßigen Seltenheit der Beschäftigung unserer Juristen und Verwaltungsbeamten mit den Materien des öffentlichen Gewerberechtes ist dies vielleicht ein Unternehmen, dessen Nützlichkeit hinausreichen mag über das bloße Informieren hinsichtlich des Rechtsstoffs der letzten Jahre, über die Vermittlung der Kenntnis von den neuen sich zeigenden Entwicklungslinien.

Gerade bei solcher Absicht bedarf es jedoch einer planmäßigen Selbstbegrenzung. Sie ist unter Weiterverfolgung des Gedankenganges, den ich am Anfang unternahm, zu versuchen.

Das Recht der Gewerbeordnung, wie ich es oben nach seinen Hauptumrissen hervortreten ließ, ist geltendes Gewerberecht. Aber es ist nicht das g a n z e in Deutschland geltende, es ist nicht einmal alles Gewerberecht, das seine Quelle in der Reichsgewalt findet. Wenn ich daher von der jüngsten Entwicklung des deutschen Gewerberechtes spreche, so zeigt das Recht der Gewerbeordnung nicht den ganzen Umkreis, der hier beschritten werden muß. Eine Beschränkung hierauf wäre jedoch ein Fehler.

So muß denn weitergegangen, über die Reichsgewerbeordnung hinausgegriffen werden. Aber wie weit? Irgend eine feste Grundlage ist nur zu gewinnen, wenn man sich auf einen Begriff des Gewerbes einigt[9]).

Daß die Reichsgewerbeordnung einen engeren, wichtige gewerbliche Betätigungen nicht mit umschließenden Begriff zur Voraussetzung hat, ergibt

9) Einzelheiten s. bei N e l k e n, Das Gewerberecht in Preußen, Bd. 1 (1906) S. 41 ff. Vom volkswirtschaftlichen Standpunkte aus vortrefflich von S c h ö n b e r g im Handbuch der politischen Oekonomie, 4. Aufl., 2. Bd., 1. Halbbd, S. 481; B ü c h e r, Art. „Gewerbe" im 4. Bd. des Handwörterbuches der Staatswissenschaften und in E l s t e r s Wörterbuch der Volkswirtschaft, 2. Aufl., Bd. 1 (1906) S. 1003.

sich mit aller Sicherheit aus § 6, der die Nichtanwendbarkeit ihrer Bestimmungen insbesondere auch auf die Errichtung und Verlegung von Apotheken, die Erziehung von Kindern gegen Entgelt, auf den Gewerbebetrieb der Auswanderungsunternehmer und Auswanderungsagenten, der Versicherungsunternehmer und der Eisenbahnunternehmungen und auf das ganze Bergwesen, dieses wenigstens grundsätzlich, ausspricht. Andererseits geht die Unterstellung des Begriffes Gewerbe im weitesten Sinne als eine zum Erwerb geübte Tätigkeit überhaupt, zu weit, weil dann auch der öffentliche Dienst, die künstlerischen und wissenschaftlichen Berufe unter Umständen einbezogen werden müßten. So ist denn die Einigung auf eine Mittellinie angebracht, wonach Gewerbe jede gleichmäßig fortgesetzte, auf Gewinn gerichtete, für eigene Rechnung vorgenommene berufsmäßige vom Gesetz erlaubte Tätigkeit ist, ausgenommen den öffentlichen Dienst, Wissenschaft und Kunst. Land- und Forstwirtschaft (Viehzucht, Garten- und Weinbau) stellten nur dann einen Gewerbebetrieb dar, wenn Produkte über den Bedarf hinaus hervorgebracht werden, um nach vorgenommener Bearbeitung verkauft zu werden. Häufig fällt der landwirtschaftliche Nebenbetrieb unter den Begriff des Gewerbes, wenn durch ihn das landwirtschaftliche Produkt in ein anderes, neues umgewandelt wird und dies nicht ohne weiteres in der Landwirtschaft üblich ist. Indem so das Maß des Üblichen entscheidet, ist für das freie Ermessen ein weiterer Spielraum gegeben, man denke an Rübenzuckerfabriken, Ziegeleien, Brauereien, Brennereien, Sägemühlen, die mit der Landwirtschaft in Verbindung stehen[10]).

Durch diese meine Feststellung des Gewerbebegriffes fällt an sich in den Rahmen von Darlegungen, die das „Gewerberecht" in diesem Umfange nehmen, über das Stoffgebiet der Gewerbeordnung hinausreichend, nicht nur das Schutzrecht des Handwerks und Handels, sondern auch eine Reihe der im § 6 von der Kodifikation ausgeschalteten Gewerbebetriebe, auch der Bergarbeiterschutz, die landwirtschaftliche Gesindefrage, das Heilmittelwesen. Auch das Verkehrswesen braucht nicht ausgeschlossen zu sein[11]). All dies müsste vielmehr in einem Werke, das die jüngste Entwicklung des Gewerbe- und Arbeiterschutzrechtes, in zeitlicher Beziehung etwa seit der Redaktion der GewO. vom 30. Juni 1900, umfaßte, mit berücksichtigt werden. Das wäre eine überaus dankenswerte und reichhaltige Aufgabe! In meinem konkreten Falle ist jedoch, den besonderen Zwecken dieser Vorträge gemäß, eine Beschränkung auf die gesetzgeberischen Eingriffe der Jahre 1907 bis 1909 notwendig.

Noch in einer zweiten Richtung ist hier der Begriff des Gewerberechtes zu umgrenzen. Sie weist auf die Rechtsquellen, aus denen das deutsche Ge-

---

10) Aus der Judikatur, insbesondere des Reichsgerichts, vgl. die Entscheidungen bei Reger Bd. 16, S. 373, Bd. 18, S. 432, Bd. 19, S. 422, Bd. 21, S. 373.

11) Vgl. z. B. die Bekanntmachung betr. den Befähigungsnachweis und die Prüfung der Seeschiffer und Seesteuerleute auf deutschen Kauffarteischiffen, RGBl. 1909, S. 892.

werberecht fließt. Außerhalb der Reichsgewerbeordnung kommen einmal die auf Grund ihrer Delegation erlassenen Verordnungen des Kaisers, des Bundesrats, aber auch einzelstaatlicher Organe (§§ 120 d und e GewO.) in Frage. Von besonderer Bedeutung ist jene erste und zweite Gruppe; die Bundesratsverordnungen gehen mitunter in dankenswerter Weise auch über die in der Delegation gegebene Absicht hinaus. Wenn z. B. § 139h das Recht verleiht zum Erlasse von Vorschriften hinsichtlich der Anforderungen an die Laden-, Arbeits- und Lagerräume und deren Einrichtung, so lag dem Gesetzgeber der Gedanke ganz fern, der unter Bezugnahme auf diesen Paragraphen durch die Bekanntmachung, betreffend die Einrichtung von Sitzgelegenheit für Angestellte in offenen Verkaufsstellen vom 28. November 1900 (RGBl. S. 1033) verwirklicht worden ist[12]. Sodann kommen neben der Reichsgewerbeordnung noch in Frage Einzelgesetze von besonderer Tragweite, wie das Reichsgesetz betreffend die Kinderarbeit in gewerblichen Betrieben („Kinderschutzgesetz") vom 30. März 1903, das sog. Phosphorgesetz vom 13. Mai 1884 (Reichsgesetzblatt 49), sowie, nachdem dieses Gesetz seine Bedeutung verloren hat, das Reichsgesetz, betreffend Phosphorzündwaren vom 10. Mai 1903 (Reichsgesetzblatt 217), neuerdings das Gesetz über die Sicherung der Bauforderungen vom 1. Juni 1909, soweit es dem Bauhandwerke zugute kommt.

Es wäre daher bei einer erschöpfenden Umschau über die jüngste Entwicklung des deutschen Gewerberechtes nicht nur zu betrachten, was die Reichsgewerbeordnung brachte, sondern auch was auf ihrem Grunde im Verordnungswege der Reichsorgane und eventuell der einzelstaatlichen Organe entstanden ist, ferner das in Gesetzesform gekleidete durch den festgestellten Begriff des Gewerberechtes gedeckte Recht außerhalb der Reichsgewerbeordnung und endlich, wenn auch nur ausnahmsweise, das einzelstaatlich bestehende Gewerberecht.

Der Zwang der Zeit gestattet mir nur, das Gesetz über die Sicherung der Bauforderungen neben den Novellen zur GewO. vom 7. Januar 1907, 30. Mai, 29. Juni und 28. Dezember 1908 zu besprechen.

Immerhin ist auch über das geltende Recht hinaus rechtspolitischer Betrachtung ihr Teil zu gönnen.

12) Als Beispiele für die Weiterentwicklung des Gewerberechtes durch Verordnungen außerhalb der Gewerbeordnung seien einige wichtige herausgegriffen. So zu § 6 Abs. 2 der GewO. („Durch Kaiserliche Verordnung wird bestimmt, welche Apothekerwaren dem freien Verkehr zu überlassen sind") die Kaiserl. Verordnung betr. den Verkehr mit Arzneimitteln vom 22. Oktober 1901 (RGBl. 380); zu § 24 Bekanntmachung des Reichskanzlers, betr. allgemeine polizeiliche Bestimmungen über die Anlegung von Landdampfkesseln und von Schiffsdampfkesseln vom 17. Dezember 1908 (RGBl. 1909, S. 3 und 51), während die gleichnamige Bekanntmachung vom 5. August 1890 (RGBl. 163) soweit in Kraft bleibt, als sie nicht für bestehende Landdampfkesselanlagen bezw. Schiffskesselanlagen Geltung hat. Außerordentlich zahlreich sind die Verordnungen zu § 105 d und § 105 e hinsichtlich der Ausnahmen von dem Verbote der Sonntagsarbeit, zu §§ 120 e, 139 a (Arbeiterschutzvorschriften). Hervorgehoben sei hier nur die Bekanntmachung des Reichskanzlers betr. die Beschäftigung von Gehilfen und Lehrlingen in Gast- und Schankwirtschaften vom 23. Januar 1902 (RGBl. 33 und 40).

Die am 16. Dezember 1907 dem Reichstage zugegangene sogenannte große Gewerbeordnungsnovelle ist zu einem Teile noch unerledigt. Ihre Artt. 3, 6 und 7 mit ihren zahlreichen Paragraphen sind, wenn auch mit mannigfachen Änderungen, zu dem Gesetze vom 28. Dezember 1908 (RGBl. S. 667) geworden. Es bleiben jedoch noch Gesetzesvorschläge, welche sich beziehen auf die Beschäftigungszeugnisse abgehender Arbeiter, Lohnbücher und Arbeitszettel, den Fortbildungsschulunterricht; auf Betriebseinrichtungen (bundesrätliche Anforderungen an die Beschaffenheit der Anlagen, die die Gefahren für Leben, Gesundheit und Sittlichkeit beheben sollen §§ 120 a—c), auf neue Bestimmungen über Dauer, Beginn und Ende der zulässigen Arbeitszeit in besonders gesundheitsgefährlichen Betrieben; über die Frage der Aufhebung des Dienstverhältnisses bei Betriebsbeamten, Werkmeistern, Technikern, insbesondere auch Zahlung des Gehaltes, Anspruch in Krankheitsfällen, Einschränkung der Konkurrenzklausel, Regelung der Hausarbeit, die sich auch auf Werkstätten bezieht, in denen erstens der Arbeitgeber ausschließlich Familienangehörige beschäftigt, zweitens eine oder mehrere Personen gewerblich beschäftigt sind, ohne von einem den Werkstättenbetrieb leitenden Arbeitgeber beschäftigt zu sein.

Nach der vom 28. Februar bis 2. März 1908 stattgehabten ersten Beratung dieses Gesetzentwurfes — der sogenannten großen Gewerbenovelle — wurde eine Reichstagskommission von 28 Mitgliedern eingesetzt. Diese hat ihre Tätigkeit aber noch weiter gespannt als die Vorlage, indem sie sich auf Grund eingebrachter Anträge noch befaßte mit der Frage der wirksamen Durchführung der Lohnzahlungsbücher, des Truckverbots, der Lohnzahlung; mit Maximalarbeitszeit, Arbeitsordnung, Arbeiterausschüssen, Jugendlichenarbeit, Handelsinspektoren, obligatorischer Einführung des Achtuhrladenschlusses für Gehilfen, Lehrlinge und Arbeiter in offenen Verkaufsstellen, Ruhezeit für die Tätigkeit in Schreibstuben, Kontoren und Lagerräumen. Auch der Gesetzentwurf, betreffend die Herstellung von Zigarren in der Hausindustrie harrt noch der Verabschiedung.

Alle diese auf Grundfragen des Arbeiterschutzrechtes zurückführenden Angelegenheiten mußten hier wenigstens erwähnt werden. Das Herausarbeiten der in ihr enthaltenen Gedanken, die mit der bisherigen Rechtsentwicklung in Zusammenhang stehen, wird für die Wissenschaft als unabweisbare Forderung bezeichnet werden können. Ob gerade die dem Reichstage von der Regierung und aus seiner Mitte gemachten Vorschläge alsbald gesetzliche Form gewinnen, spielt hier eine verhältnismäßig geringe Rolle. D a ß bei der in diesen Rechtsmaterien liegenden Entwicklungstendenz, die unentrinnbar beinflußt wird durch die wirtschaftliche, insbesondere industrielle Bewegung Deutschlands, jene Fragen im Sinne einer Ausbesserung und Ausgestaltung über kurz oder lang ihre Lösung finden müssen, ist, wenn man nicht ein unerträgliches Stillstehen deutschen öffentlichen Lebens überhaupt annehmen will, gänzlich außer Zweifel. Aber auch über die durch die sogenannte große Gewerbeordnungsnovelle gezogenen Linien hinaus sind ernste Reformvorschläge jüngster Zeit auf ihre Durchführbarkeit zu prüfen. All dies kann nicht geschehen ohne Aufsuchen des Zusammenhanges, in dem sich diese Einzelheitendes Gewerberechtes mit dessen Ganzen befinden. An solchen Arbeiten fehlt es noch bis heute durchaus. Dabei kann weder die hervorragende Bedeutung dieser ganzen Materie, noch die Tatsache verkannt werden, daß die jüngste Entwicklung des Gewerbe- und Arbeiterschutzrechtes die beste Gelegenheit gewährt, Einblick und Erkenntnis in das geltende und in das im Entstehen begriffene Recht zu gewinnen. Trotz der Vielgestaltigkeit der Probleme rundet sich dann zu einem Gesamtbilde, was vor einem forschenden Eindringen in die Einzelheiten des vielverzweigten, Industrie, Handwerk zum Teil auch den Handel beherrschenden modernsten Rechtes wie ein Labyrinth erscheint.

II.

Das Problem des Befähigungsnachweises. — Die Novelle vom 7. Januar 1907.

Seit dem Jahre 1900 ist die Reichsgewerbeordnung durch drei wichtige Novellen erweitert worden. Sie führen die Zeitbestimmungen vom 7. Januar 1907, vom 30. Mai und 28. Dezember 1908. Die vierte vom 29. Juni enthält nur einige Worte. All diese sollen hiernächst ins Auge gefaßt werden, unter gleichzeitiger Darstellung verwandten neuen Rechtsstoffes, der sich außerhalb der Gewerbeordnung findet.

Die Novelle vom 7. Januar 1907 hat das Gewerbe der Bauunternehmer und Bauleiter unter strenge Kontrolle genommen und hier die Gewerbefreiheit, trotz entgegengesetzter Versicherung der Regierungsbehörden, merklich eingeschränkt. In Wirklichkeit handelt es sich nicht nur um einen Schutz derjenigen Personen der Allgemeinheit, die mit jenen Gewerbetreibenden in wirtschaftliche und Rechtsverhältnisse treten, sondern auch um einen Schutz der Bauhandwerker. Man will dem gewissenlosen Treiben berüchtigter Bauunternehmer begegnen, die sich den wohlerworbenen Ansprüchen der von ihnen beschäftigten Bauhandwerker und Bauarbeiter aus Leichtsinn oder Arglist entziehen[13]). In derselben Richtung bewegt sich auch das Gesetz über die Sicherung der Bauforderungen vom 1. Juni 1909. Auch dieses Gesetz muß daher hier herangezogen werden. Einige Reformgedanken schließen sich an.

Die Novelle vom 7. Januar 1907 hängt eng mit Bestrebungen zusammen, die sich auf die Einführung des sogenannten obligatorischen oder wenigstens

13) S. die für das Folgende ein für alle Mal angezogene Begründung des Entwurfes eines Gesetzes betr. die Abänderung der Gewerbeordnung, Drucksachen des Reichstages, 11. Leg. Periode, II. Session 1905—1906, Nr. 101.

des „kleinen“ Befähigungsnachweises richten. Ohne Klarheit über diesen Begriff sind die Novellen von 1907 und 1908 nicht verständlich.

Der Befähigungsnachweis widerspricht dem Prinzip der Gewerbefreiheit. Mit dem obligatorischen Befähigungsnachweis wird verlangt, daß das selbständige Handwerk nur von denjenigen ausgeübt werde, die den Nachweis der Befähigung für ihr Gewerbe erbracht haben, d. h., daß nur geprüfte Handwerksmeister in Zukunft im Handwerk selbständig sein dürfen. Zunftzwang und Lehrlingshaltung hängt notwendigerweise damit zusammen[14]). Die Agitation für den Befähigungsnachweis begann schon gleich nach Einführung der Gewerbefreiheit in Preußen. Auf dem Handwerkerkongreß vom 15. Juli bis 15. August 1848 wurde wegen des Befähigungsnachweises ein Erlaß an die Nationalversammlung in Frankfurt a. M. gerichtet, der die vollständige Aufhebung der Gewerbefreiheit forderte. Die Reichsgewerbeordnung brachte eine Art von Befähigungsnachweis nur für Berufe, von deren Ausübung das Leben oder Wohl und Wehe anderer Personen abhängt, so für Apotheker, Lotsen, Hebammen usw. Der Handwerkerstand hat seither nicht aufgehört, in zahlreichen Organisationen, Vereinen, Kongressen usw. gegen den bestehenden Rechtszustand anzukämpfen. Der am 27. April 1897 abgehaltene deutsche Handwerkertag bezeichnet den damaligen Entwurf der späteren Novelle zur Gewerbeordnung vom 26. Juli 1897 nur dann als annehmbar, wenn er dem gewerblichen Mittelstand Zwangsinnung und Befähigungsnachweis bringen würde. Diese Erwartung erwies sich als trügerisch. Eine neue Agitation setzte ein; der deutsche Handwerks- und Gewerbekammertag von 1901 beschloß, grundsätzlich daran festzuhalten, das letzte Ziel der Ordnung des Handwerks bestehe darin, daß das selbständige Handwerk nur von denen ausgeübt werde, die den Nachweis der Befähigung für ihr Gewerbe erbracht haben. Bei denjenigen Gewerben, bei denen mangelhafte Ausführung der Arbeiten Leben oder Gesundheit von Menschen gefährdet, sei die Einführung des Befähigungsnachweises schon jetzt erreichbar. Doch wurde anerkannt, daß für das Handwerk der Befähigungsnachweis nicht mit einem Male durch eine gesetzliche Anordnung von außen durchzuführen ist, sondern auf dem Wege der allmählichen Entwicklung, einer Erneuerung des Handwerkes von innen heraus. Dazu gehöre vor allem die Ausgestaltung der Innungsorganisation und der Gesellen- und Meisterprüfung zu einer das gesamte Handwerk umfassenden Einrichtung. Zeigt sich hier der enge Zusammenhang von Befähigungsnachweis, Innungswesen und Meisterprüfungen — und damit die nahe Beziehung zu der Novelle vom 30. Mai 1908 — so berührt es unseren besonderen Gegenstand unmittel-

---

14) An Literatur sei noch erwähnt Stieda, Art. „Handwerk“ im Handbuch der Staatswissenschaften, 2. Aufl. Bd. 4, S. 1097 ff; Stieda, Der Befähigungsnachweis, Jahrbuch für Gesetzgebung und Verwaltung, Bd. 19, S. 219 ff; Schriften des Vereins für Sozialpolitik Bd. 53—61; Bücher, Verhandlungen dieses Vereins von 1897; Hampke, Der Befähigungsnachweis, 1882; Wäntig, Gewerbliche Mittelstandspolitik, 1898. Weitere Literatur bei Biermer, Art. „Handwerk“, in Elsters Wörterbuch der Volkswirtschaft, 2. Aufl., Bd. 2 (1907) S. 68.

bar, daß der dritte deutsche Handwerks- und Gewerbekammertag hauptsächlich für den Befähigungsnachweis in bezug auf die Gruppen des B a u g e w e r b e s eintrat, deren Arbeit im Falle mangelhafter Ausführung Leben und Gesundheit anderer gefährdet. Auch der fünfte deutsche Handwerks- und Gewerbekammertag beschäftigte sich mit dem Befähigungsnachweis für das Baugewerbe (und den Meistertitel) und betrachtete die „Einführung des obligatorischen Befähigungsnachweises für das Bauhandwerk als ein unabweisbares Bedürfnis, da die Baugewerbe vielfach von Personen ausgeübt werden, welche dieselben entweder überhaupt nicht oder nur ungenügend erlernt haben, noch in der Lage sind, den mit der Ausführung von Bauarbeiten verknüpften Anforderungen zu genügen". Der Antrag äußerte sich weiter dahin, daß durch die Einführung des Befähigungsnachweises für das Bauhandwerk eine Beschneidung des Bauschwindels, sowie eine wirtschaftlich bessere Regelung der zum Bau erforderlichen Kapitalien, ferner eine Verbesserung des Submissionswesens mit Sicherheit zu erwarten ist.

Dem Einfluß volkswirtschaftlich ausgebildeter Handelskammersekretäre wird ein scheinbarer Umschwung der Ansichten zugeschrieben, der sich in einem Beschlusse des sechsten deutschen Handwerks- und Gewerbekammertages 1905 in Cöln äußerte, wonach die Forderung des Befähigungsnachweises „für s ä m t l i c h e Handwerkszweige als unter den heutigen Verhältnissen unerreichbar" abgelehnt, dagegen die bestimmte Hoffnung ausgesprochen wird, daß die Reichsregierung die in Aussicht gestellte Gesetzesvorlage, betreffend den B e f ä h i g u n g s n a c h w e i s i m B a u g e w e r b e, baldmöglichst zum Gesetze erhebt. Übrigens wurde weiter erklärt, daß ein Ausbau der Gesetzgebung in der Richtung des mit größeren Vorrechten ausgestatteten Meistertitels dringend notwendig sei. Nach B i e r m e r (a. a. O. S. 66) gibt aber dieser Beschluß nur die Anschauungen der offiziellen Handwerkskammerwelt, nicht aber die der radikalen Mittelstandspartei wieder. Diese sehe nach wie vor das einzige Heil in dem Befähigungsnachweis. Auch der deutsche Handwerks- und Gewerbekammertag sei nach wie vor für den Befähigungsnachweis im Baugewerbe und dafür, daß der Meistertitel mit besonderen Bevorzugungen ausgestattet werde.

Die Gründe, die gegen die Einführung des allgemeinen obligatorischen Befähigungsnachweises sprechen, können hier nur kurz zusammengefaßt werden. In dem Sammelwerke des Vereins für Sozialpolitik über „die Lage des Handwerks in Deutschland mit besonderer Rücksicht auf seine Konkurrenzfähigkeit gegenüber der Großindustrie" ist ein überaus wertvolles Material niedergelegt, auf Grund dessen B ü c h e r in seinem Referat auf der Generalversammlung jenes Vereins in Cöln (Oktober 1907) nachweisen konnte, daß es keineswegs allein die Überlegenheit der Fabriktechnik ist, die dem Handwerk verderblich wurde, sondern noch mehr die Konzentration in große Bedarfskomplexe. Die großen Städte, das Heer, die Transportanstalten usw. bilden solche Mittelpunkte des Massenbedarfs, denen das Handwerk weder technisch, noch wirtschaftlich gewachsen ist. Man kann meines Erachtens noch weiter gehen. Die Gewerbefreiheit, soweit sie durchgeführt ist und im Gegensatze zu jener Forderung des Befähigungsnachweises steht, ist das Ergebnis der gewandelten Produktionsverhältnisse, der gesamten Kultur- und Wirtschaftsentwicklung. Die kapitalistische Verkehrswirtschaft kann den Befähigungsnachweis, der der städtischen Tauschwirtschaft angepaßt war, nicht bestehen lassen. „Dahin ist," so sagt Wäntig, „das alte ‚Gewerbe' mit seiner urwüchsigen Verschmelzung von Beruf und Haushalt, Erwerbs- und Genußgemeinschaft, mit seinem einheitlichen Produktionsprozesse und seinem engbegrenzten, aber gesicherten Absatzgebiete. Erloschen der deutsch-genossenschaftliche Geist, der die städtische Urgemeinde und ihren Sprößling, die zünftige Jnnung, belebte und in ihnen seine schönsten Blüten trieb. Verschwunden damit aber auch die unentbehrlichen Voraussetzungen für die sinngemäße Wirksamkeit von Rechtsnormen, die ihren Zweck, 'Erhaltung des Handwerks', umsoweniger erreichen konnten, als sie die treibenden Faktoren des gewerblichen Lebens der Gegenwart: die Entfesselung des Verkehrs und die Akkumulation des Kapitals, die Entfaltung des Großbetriebes und die Konzentration des Absatzes, die Differenzierung der wirtschaftlichen Individuen und die Spezialisierung ihrer Funktionen, die Herausbildung von Klassengegensätzen und die Entstehung entsprechender sozialer Gruppen, nahezu unberührt ließen".

Sodann ist der allgemeine Befähigungsnachweis deshalb zu verwerfen, weil die Herbeiführung einer Zwangsorganisation (nicht nur fakultative Zwangsinnungen, Privilegierung der geprüften Meister werden verlangt), die Absperrung des gewerblichen Mittelstandes zu einer Stagnation, einer Ausschaltung des gesunden Wettbewerbs und damit zu seinem eigenen Ruin führen müßte. Eine Konservierung des handwerksmäßigen Kleinbetriebes auch dort, wo er sich in dem Kampfe der Betriebsformen nicht mehr zu halten vermag, würde, wie man mit Recht gesagt hat, nur eine Verschlechterung der Technik bedeuten, die aber notwendigerweise einwirken müßte auf den Absatz, auf die Fragen der Bedürfnisbefriedigung der Konsumenten und darauf, ob nicht bei minderwertiger Ware das Ausland mit erheblicher Einfuhr droht.

Ferner wäre die Privilegierung des Handwerks im Gegensatz zu Handel und Industrie, die künstliche Ausschaltung dieser Faktoren, geeignet, diese noch mehr zum Kampfe anzustacheln. Wenn überhaupt eine solche Ausschaltung tatsächlich möglich sein sollte, würde man die Handwerker in ihrer gewerblichen Tätigkeit durch die aus dem Prinzip des Befähigungsnachweises folgenden Mittel einengen, während man, notwendigerweise, die Industrie und den Handel von derartigen Schranken frei lassen müsste. So würde der Konkurrenzkampt der Industrie mit dem Handwerk sich tatsächlich noch schärfer als jetzt gestalten. Zutreffend ist seitens des Regierungsvertreters in der Reichstagskommission, die über den Entwurf der Novelle vom 7. Januar 1907 beriet, ausgesprochen worden (Drucksachen a. a. O. S. 7): Wenn bei den Gewerbetreibenden, die für ihr Handwerk den Befähigungsnachweis forderten, die Rücksicht auf die damit voraussichtlich verbundene Einschränkung der Konkurrenz eine mehr oder minder wichtige Rolle spiele, so dürfe dieser Gesichtspunkt für die gesetzgebenden Faktoren nicht in Betracht kommen. Sie könnten Beschränkungen der freien gewerblichen Erwerbstätigkeit nur da vorschreiben, wo zwingende Rücksichten auf das Gemeinwohl, auf Leben und Gesundheit sie nötig machten. Es ist übrigens meines Erachtens die Abgrenzung des Handwerks gegen die Industrie, gegen die Hausindustrie und den Handel äußerst schwierig, wenn nicht unmöglich.

Die Privilegierung des Handwerks nach dem Grundsatze: „Das Handwerk dem Handwerker" würde zu der absurden Forderung führen: „Der Handel dem Kaufmannstande, die Landwirtschaft dem Bauernstande". Man müßte dann, wie aus Handwerkerkreisen selbst einmal betont wurde, gerechter Weise den Schlußsatz von § 3 der Gewerbeordnung aufheben, wonach eine Beschränkung der Handwerker auf den Verkauf der selbstgefertigten Waren nicht stattfindet, und es wäre zu bestimmen, daß die Handwerker in Zukunft nur selbstgefertigte Waren verkaufen dürfen, weil sie mit dem Verkauf der nicht selbstgefertigten Waren den Handelsstand schädigen würden. Ferner würde auch noch eine Bestimmung in die Gewerbeordnung aufzunehmen sein, nach welcher den vielen Tausenden von Handwerkern, die auf dem Lande leben, und die Landwirtschaft neben ihrem Handwerk betreiben, der Betrieb der Landwirtschaft verboten wird, da der Bauernstand für sich das gleiche Recht in Anspruch nehmen müsse, wie der Handwerkerstand hinsichtlich des Handwerks. Derartige Bestimmungen müßten aber natürlich die Handwerker selbst schwer schädigen, denn viele selbständige Handwerker können ihre Selbständigkeit nur dadurch behaupten, daß sie neben der Ausübung ihres handwerksmäßigen Berufs in weitgehendem Maße Handel treiben, oder namentlich auf dem Lande durch den Nebenbetrieb der Landwirtschaft ihre wirtschaftliche Lage zu verbessern suchen.[15][16]

Ein weiterer Nachteil des Befähigungsnachweises besteht darin, daß der einzelne Handwerker an das Gewerbe gebunden ist, für das er den Befähigungsnachweis erbracht hat, da die Abgrenzung der einzelnen Gewerbe eine notwendige Folge des Prinzips ist. Die Möglichkeit, bei ungünstiger Lage seines

15) In anderen Zusammenhang gehört, daß durch die Meisterprüfung allenfalls die technische Tüchtigkeit des Handwerkers, nicht aber seine Intelligenz und kaufmännische Befähigung, seine allgemeine Bildung usw. festgestellt werden kann.

16) In Österreich sind den zünftlerischen Forderungen weitergehende Zugeständnisse gemacht worden, als in Deutschland. Der Erfolg ist aber überall ausgeblieben. Man hat für 26 Gewerbe einen sog. Verwendungsnachweis als eine mildere Form des Befähigungsnachweises eingeführt, er hat aber, wie Biermer in Elsters Wörterbuch der Volkswirtschaft 2. Aufl. Bd. 2 (1907) S. 126 in Artikel „Innungen" ausführt, alle jene Übelstände im Gefolge gehabt, welche sich an eine Zwangsabgrenzung der Gewerbe knüpfen. Seine Durchführung erzeugte zahllose Streitigkeiten, Schwierigkeiten für den Übergang aus einem zum anderen Gewerbe, Schablonisierung in der Ausbildung, Hemmung der strebsamen und vorwärtsstrebenden Meister und endlich eine unerträgliche Abhängigkeit von der Bureaukratie.

Gewerbes zu einem anderen überzugehen, die Nachbargebiete seines Gewerbes zu betreten, durch Vereinigung mehrerer Gewerbe seinen Betrieb fortzuentwickeln, sich dem wachsenden Bedürfnisse des Publikums in der Darbietung seiner Ware anzupassen, ist ausgeschlossen[17]). Endlich ist auch die Möglichkeit einer sachgemäßen Durchführung des Befähigungsnachweises bei Lage der gewerblichen Verhältnisse in Deutschland niemals dargetan worden. Hierfür bietet das Baugewerbe ein lehrreiches Beispiel. Darüber sogleich[18]).

Auch hinsichtlich dieses Gewerbes ist die Einführung des Befähigungsnachweises verlangt, durch Gutachten der meisten Handwerkskammern befürwortet worden. Aus dem Kommissionsbericht[19]) ist eine ganz außerordentlich große Zahl von Petitionen ersichtlich, die Wünsche des Baugewerbes hinsichtlich des Befähigungsnachweises darlegen. In der Kommission selbst ist dessen Einführung auch mehrfach vorgeschlagen worden. Hiebei ist auch die Behauptung aufgestellt worden, daß das deutsche Handwerk einmütig hinter der Forderung des Befähigungsnachweises für das Baugewerbe stehe.

Die Reichsregierung konnte jenen Wünschen keine Folge geben. Ihre Ausführungen in der Begründung zur Novelle vom 7. Januar 1907 sind sehr lehrreich und grundsätzlicher Natur. Was in dieser Beziehung bei einem konkreten Gesetzesvorschlag ausgeführt wird, gilt mutatis mutandis auch für andere Gebiete. Die Begründung S. 3 ff. stellt fest, daß ein allgemeiner, die Forderung nach dem Befähigungsnachweis etwa rechtfertigender Rückgang der Leistungen des Baugewerbes auch abseits der Großstädte nicht anzuerkennen sei. Ferner ist die überwiegende Mehrzahl der bei Bauten vorgekommenen Unglücksfälle nicht auf Unkenntnis des Bauausführenden, sondern auf Leichtsinn und Gewinnsucht, die zur Verwendung schlechter Materialien, zu gewagten Konstruktionen u. dgl. verleiteten, zurückzuführen. Diese Unzuverlässigkeit könnte auch durch Einführung des Befähigungsnachweises nicht behoben werden, weil größere Unternehmer durch Anstellung „befähigter" Meister den gesetzlichen Anforderungen äußerlich genügen würden, ohne doch ihren maßgebenden Einfluß auf die Art und Weise der Geschäftsführung im mindesten aufzugeben.

Sodann ist eine Durchführung des obligatorischen Befähigungsnachweises für sämtliche bei Bauausführungen beteiligten Bauhandwerke nicht möglich. Denn es müßten, da der Befähigungsnachweis für die „Befähigten" das ausschließliche Recht zur gewerbsmäßigen Vornahme bestimmter handwerksmäßiger Leistungen begründen soll, zwischen den Gebieten der einzelnen Bauhandwerkszweige scharfe Grenzlinien gezogen und diejenigen Fälle genau bezeichnet werden, in denen ausnahmsweise ein Herübergreifen des einen Baugewerbszweiges in den Bereich des anderen statthaft sein soll. Solche Grenz-

17) v. Philippovich, Grundriß der Politischen Ökonomie, 2. Bd., I. Teil (1899) S. 106.

18) Andere Beweisgründe gegen den allgemeinen Befähigungsnachweis bei Philippovich a. a. O., S. 107.

19) Reichstagsdrucksachen Nr. 361 der 11. Legislatur-Periode II. Session 1905 bis 1906, S. 3 f.

linien zu bezeichnen scheitert aber praktisch an unüberwindlichen Schwierigkeiten. Es ergeben sich „Streitfälle der unliebsamsten Art, die man mit Recht als die Haupthinderungsgründe gegen die Einführung des allgemeinen Befähigungsnachweises erachtet“ (Kommissionsbericht S. 8). Aber nicht nur die Abgrenzung der einzelnen geschützten Gewerbszweige nach außen und gegen einander ist geradezu unmöglich, auch die Bezeichnung des Kreises derjenigen Arbeiten, welche innerhalb eines jeden der dem Befähigungsnachweis unterstellten Gewerbszweige auch nicht geprüften Handwerkern freigegeben sein würden, stößt auf unübersteigliche Hindernisse. Denn es kann, schon mit Rücksicht auf die ländlichen Gemeinden des Ostens, an eine völlige Beseitigung des Gewerbebetriebes nichtgeprüfter Handwerker keinesfalls gedacht werden[20]. Das zu erfordernde Maß der Befähigung ist auch sehr verschieden. Mit Recht ist in der Kommission festgestellt worden, daß die Bautätigkeit, namentlich auf dem platten Lande und in den kleinen Städten, eine andere, weit einfachere zu sein pflegt, als in den großen Städten. Soll nun für alle Baugewerbetreibenden ein einheitliches Maß von Befähigung gefordert werden, so darf dies nicht nach den Verhältnissen auf dem Lande bemessen werden, da damit die Gewähr für ordnungsmäßige Ausführung der schwierigeren Stadtbauten nicht gegeben wäre. Werde aber das allgemeine nötige Maß der Befähigung nach den Verhältnissen in den großen Städten bemessen, so müßten an alle die kleineren Baugewerbetreibenden Anforderungen gestellt werden, denen sie nicht gewachsen sein könnten, und die zudem über das Bedürfnis weit hinausgingen. Eine solche Maßnahme würde den Ruin des kleineren Bauhandwerks bedeuten, die Möglichkeit von Bauausführungen in die Hand einer verhältnismäßig kleinen Zahl von Baugewerbetreibenden legen und damit das Bauen auf dem Lande außerordentlich erschweren und verteuern. Gegen den Ausweg, ein verschiedenes Maß von Befähigung für Stadt und Land einzuführen, haben sich die meisten Handwerkskammern ausgesprochen. Der Regierungsvertreter billigt dies, da die Durchführung eines solchen abgestuften Befähigungsnachweises bei den modernen, oft wechselnden Verhältnissen, der Freizügigkeit usw. kaum möglich wäre. Des weiteren ist vom Regierungstische aus geltend gemacht worden, daß die Frage, ob und welche Bauarbeiten freigelassen werden sollten, eine weitere Schwierigkeit ergebe. Daß das Erfordern des Befähigungsnachweises für alle,

---

20) Biermer in Elsters Wörterbuch der Volkswirtschaft Bd. 2, S. 67 konstatiert zwar, daß der von ihm geschilderte Komplex von natürlichen in der modernen Entwicklung begründeten Erscheinungen es erkläre, daß auf weiten Gebieten dem handwerksmäßigen Kleinbetriebe der Nährboden mehr und mehr entzogen wird. Doch sei dieser Rückgang keineswegs überall festzustellen, da die genannten Voraussetzungen nicht vorhanden sind; in den abgelegenen Produktions- und Konsumptionsgebieten, besonders auf dem platten Lande hat sich das Handwerk als Betriebsform durchaus auf der Höhe seiner bisherigen Leistungsfähigkeit erhalten und dies wird voraussichtlich auch noch in Zukunft der Fall sein. Mehr als die Hälfte der Handwerksmeister befindet sich aber auf dem Lande, dort ist keine Bedarfskonzentration, dort findet sich regelmäßige Reparaturarbeit, und alle Eigentümlichkeiten des Handwerks kommen dort zur Geltung, garantieren ihm dort in absehbarer Zeit eine gesicherte Stellung.

auch die kleinsten Bauarbeiten, weit über das Ziel hinausschieße, ist sicher. Wo aber soll man eine Grenze ziehen? Wenn vielfach vorgeschlagen sei, nur bei konzessionspflichtigen Bauarbeiten den Befähigungsnachweis zu fordern, so werde dabei nicht beachtet, daß die Bestimmungen darüber, welche Bauten der polizeilichen Genehmigung bedürfen, in den verschiedenen Bundesstaaten und selbst innerhalb des einzelnen Bundesstaates sehr weit auseinandergingen und bei der notwendigen Rücksichtnahme auf die örtlichen Verhältnisse auch gar nicht einheitlich gestaltet werden könnten. Es ist auch nicht möglich, die Abgrenzung so vorzunehmen, daß dem Befähigungsnachweis nur die bei einem genehmigungspflichtigen Bau vorkommenden Arbeiten unterworfen, alle übrigen Arbeiten aber freigegeben werden. Denn einerseits würde dieser Maßstab für ländliche Verhältnisse den Kreis der bei den kleineren Neubauten zu verwendenden Personen weit über Gebühr verteuern. Anderseits würden auch diejenigen Zweige des Bauhandwerkes, deren Tätigkeit sich nicht gleich derjenigen der Maurer und Zimmerer vorzugsweise bei Neubauten vollzieht, nur für einen vergleichsweise geringen Bruchteil ihres Tätigkeitsgebietes den Schutz des Befähigungsnachweises genießen.

Aber auch die Einführung des letzteren lediglich für die Hauptgewerbe der Maurer und Zimmerer oder Steinmetze derart, daß die Prüfung als Maurer oder Zimmerer oder Steinmetz zum selbständigen Betriebe eines jeden dieser Gewerbszweige berechtigen solle, würde die Interessen der übrigen Bauhandwerke auf das schwerste schädigen und zu einer Herabdrückung ihrer sozialen und wirtschaftlichen Lage zu Gunsten eines privilegierten „Baugewerkmeisterstandes" führen. Es würde nicht nur eine Abgrenzung zwischen den von dem Befähigungsnachweise nicht miterfaßten Gewerben, sondern auch eine Feststellung des gegenseitigen Berechtigungsumfanges der zwei oder drei allein in Betracht kommenden Gewerbe überflüssig werden, da jedem der für eines von diesen Geprüften der Betrieb aller dieser Gewerbe — allein oder in Verbindung miteinander — gestattet sein würde.

Allein die Interessen des Bauhandwerks selbst sprächen entschieden gegen eine solche Regelung. Viele, vielleicht die meisten Maurer und Zimmerer sind heute nicht bloß als Handwerker in ihrem besonderen Zweige des Baugewerbes tätig, sondern zugleich Unternehmer geworden. „Als solche übernehmen sie die Ausführung ganzer Bauten — sei es für eigene Rechnung in der Absicht späteren Verkaufs, sei es für Rechnung eines Auftraggebers — und lassen die dabei vorkommenden, außerhalb ihres besonderen Handwerkszweiges liegenden Arbeiten teils durch andere, zu diesem Zwecke herangezogene selbständige Handwerker — wie Bauschlosser, Bauschreiner, Dachdecker usw. — ausführen, teils verwenden sie hierzu eigene gelernte und ungelernte Hilfskräfte. Es liegt hier auf der Hand, daß sie infolge dieser Unternehmerstellung bereits gegenwärtig gegenüber den übrigen Zweigen des Bauhandwerks ein erhebliches Übergewicht erlangt und letztere in weitgehendem Maße von sich abhängig gemacht haben. Immerhin ist diese Abhängigkeit bisher eine rein tatsächliche und beruht nicht auf gesetzlicher Privilegierung. Eine solche, d. h. eine gesetzliche Förderung der bereits eingeleiteten Entwickelung, soweit sie auf der Verdrängung der bei Bauausführungen in Betracht kommenden Nebenhandwerke aus dem selbständigen Handwerksbetriebe hinausläuft, würde aber eintreten, sobald den nicht als Maurer oder Zimmerer vorgebildeten Bauhandwerkern die Möglichkeit abgeschnitten würde, sich durch den Übergang zur Bauunternehmertätigkeit einen selbständigen Gewerbebetrieb zu sichern. Eine derartige Maßnahme würde mit Sicherheit zu einem beschleunigten Verfalle der gegenwärtig noch recht kräftigen Nebenzweige des Baugewerbes führen, eine Befürchtung, die auch von mehreren Handwerkskammern ausdrücklich ausgesprochen worden ist. Hierzu die Hand zu bieten, sind die verbündeten Regierungen nicht geneigt"[21]).

Der § 35 der Reichsgewerbeordnung sieht nun in Abs. 1 und 2 vor, daß gewisse Gewerbe — Erteilung von Tanz-, Turn- und Schwimmunterricht, der Trödelhandel, der Kleinhandel mit gewissen Gegenständen usw. — nachträglich zu untersagen sind, „wenn Tatsachen vorliegen, welche die Unzuverlässigkeit des Gewerbetreibenden in bezug auf diesen Gewerbebetrieb dartun". Hierauf beginnt der dritte Satz: „Dasselbe gilt von der gewerbsmäßigen Besorgung fremder Rechtsangelegenheiten und bei Behörden wahrzunehmender Geschäfte" usw. Der Art. 1 des Entwurfs der Novelle vom 7. Januar 1907 schlug nun vor:

„In § 35 Abs. 3 der Gewerbeordnung wird hinter den Worten „Dasselbe gilt" eingefügt: „von dem Betriebe des Gewerbes als Bauunternehmer oder Bauleiter sowie von dem Betrieb einzelner Zweige des Baugewerbes".

Es ist daher unter Ablehnung der Forderung des Befähigungsnachweises den Baugewerbetreibenden wegen erwiesener Unzuverlässigkeit der Gewerbebetrieb zu untersagen. Hierdurch soll dem gewissenlosen Treiben von Bauunternehmern begegnet werden, die sich den Ansprüchen der Bauhandwerker und Bauarbeiter aus Leichtsinn oder arglistig entziehen. Gerade hieraus erhellt, wie die Begründung S. 6 meint, der große Vorzug der vorgeschlagenen Regelung vor der Einführung des Befähigungsnachweises, der lediglich eine gewisse, nicht einmal immer ganz sichere Gewähr für das Vorhandensein eines Normalmaßes von Fachkenntnissen zur Zeit der Prüfung gibt, für die sittliche und sonstige Zuverlässigkeit des Geprüften aber nicht die mindeste Bürgschaft leistet.

Die Reichstagskommission hat den Art. 1 jedoch umgeändert und ihm in erster und zweiter Lesung eine Fassung gegeben, die sich aus dem nunmehrigen Wortlaut des Gesetzes vom 7. Januar 1907 Art. 1 ergibt:

„Im § 35 der Gewerbeordnung wird folgender neuer Abs. 5 eingefügt:

Der Betrieb des Gewerbes als Bauunternehmer und Bauleiter sowie der Betrieb einzelner Zweige des Baugewerbes ist zu untersagen, wenn Tatsachen vorliegen, welche die Unzuverlässigkeit des Gewerbetreibenden

21) Erklärung des Regierungsvertreters in der Reichstagskommission; vgl. KommBer. S. 5 und 6.

in bezug auf diesen Gewerbebetrieb dartun. Der Untersagung muß nach näherer Bestimmung der Landes-Zentralbehörde die Anhörung von Sachverständigen vorangehen, welche zur Abgabe von Gutachten dieser Art nach Bedarf im voraus von der höheren Verwaltungsbehörde ernannt sind. Soweit es sich um die Begutachtung für handwerksmäßige Gewerbebetriebe handelt, erfolgt die Ernennung nach Anhörung der Handwerkskammer (§ 103) des Bezirkes."

Es ist daher kein Befähigungsnachweis für das Baugewerbe eingeführt worden auch kein „kleiner", sondern ein Schutz gegen ungeeignete Personen. Die juristische Analyse der neuen Bestimmung ergibt folgendes:

1. Es steht in Frage der Gewerbebetrieb solcher Personen, die als Bauleiter oder als Bauunternehmer auf eigene Rechnung tätig werden, oder die einen einzelnen Zweig des Baugewerbes betreiben. Deshalb fallen auch Poliere nicht hierunter, da sie nicht auf eigene Rechnung arbeiten. Übrigens kann (vgl. unten S. 30) nach § 53a verhindert werden, daß diese Personen die Leitung und Ausführung bedeutenderer Bauten übernehmen oder übertragen erhalten. Auch hebt die Begründung S. 7 hervor, daß die auch für Poliere anwendbare Strafbestimmung des § 330 StGB. durch den Entwurf (jetzt Gesetz vom 7. Januar 1907) in keiner Weise berührt werde. Ich möchte die Frage aufwerfen, wie es steht, wenn Bauunternehmer nicht eine einzelne physische Person, sondern eine juristische Person, z. B. eine Gesellschaft des Handelsgesetzbuches oder eine Gesellschaft mit beschränkter Haftung ist. Das preuß. OVG. hat in einem Falle, der besondere Beachtung beansprucht (E. v. 25. Januar 1906 Pr. VerwBl. Bd. 28 S. 107), sich dahin ausgesprochen, der Betrieb von Gewerben, die einer vorgängigen Erlaubnis nicht bedürfen, steht jedenfalls auch nichtphysischen Personen frei. Dies vorausgesetzt, läßt sich eine Untersagung gemäß § 35 Abs. 5 ihnen gegenüber umsoweniger für ausgeschlossen ansehen, als mit einer Untersagung auch das Gesetz über die Privatversicherungsunternehmungen vom 12 Mai 1901 § 7 rechnet. Ferner hat die im Gesetz über die Gesellschaft mit beschränkter Haftung vom 20. Mai 1898 vorgesehene Klage auf Auflösung sich gegen die G. m. b. H. als solche zu richten. Freilich ist ein Straf- und Zwangsverfahren nur gegen physische Personen möglich; sodann ist in der Frage der Unzuverlässigkeit auf das Verhalten der einzelnen Gesellschafter zurückzugehen[21a.]).

Im übrigen muß auch wirklich ein Gewerbebetrieb vorhanden sein; die Untersagung ist ausgeschlossen, wenn ein angefangener Gewerbebetrieb eingestellt wird und dessen Aufnahme nicht beabsichtigt ist[22]).

2. Der Gewerbebetrieb der Bauunternehmer und Bauleiter ist durchaus frei. Ein vorgängiges Verbot wäre unzulässig. Damit hängt es zusammen,

21a) Übereinstimmend die Praxis vgl. Entsch. des preuß. OVG. v. 25. Nov. 1908 GewArch. Bd. 8 S. 425; PrMinErl. v. 26. Febr. 1907 (MBl. f. H. u. G. S. 50).

22) So das Preuß.OVG. selbst für den Fall, daß die Einstellung nach Erhebung der Klage erfolgt. E. v. 17. Dezember 1908, Reger Bd. 29, S. 437.

daß ein sein Gewerbe anmeldender, wenn auch ungeprüfter Baugewerbetreibender keineswegs den Nachweis einer besonderen technischen Befähigung erbringen muß, und daß die Behörden keinerlei Verpflichtung haben, einen solchen Nachweis zu verlangen, oder bei jeder Anmeldung von Amts wegen umfassende Ermittelungen darüber anzustellen, ob nicht vielleicht Tatsachen vorliegen, die die Unzuverlässigkeit des Anmeldenden nach der fraglichen Richtung hin dartun könnten, zumal wenn hierfür besondere Anhaltspunkte nicht vorliegen. Nur nachträglich kann eine Untersagung stattfinden. Von der Untersagung ist ein etwaiges, aus sicherheitspolizeilichen Gründen erfolgtes Verbot wohl zu unterscheiden. Das Kgl. Sächs. OVG. hat in einer Entscheidung vom 4. April 1908 (Reger, Bd. 29 S. 172, GewArch. Bd. 9 S. 96) das Verbot des Betriebes eines sog. Luftbades an einzelnen Tagen (z. B. an Sonntagen) aus sittenpolizeilichen Gründen nicht als eine Untersagung des Gewerbebetriebes im Sinne des § 35 Abs. 1 GewO. erachtet, wohl aber als eine an sich zulässige polizeiliche Maßnahme. Wenn das Sächs. OVG. dieser Maßnahme aber ebenso wie der Verhängung der Polizeistunde nur die Bedeutung einer ortspolizeilichen Vorschrift zur Aufrechterhaltung der öffentlichen Ordnung und Sitte beilegt, so kann man ihm darin wohl folgen. Doch bleibt das Bedenken, daß dann schließlich aus sitten- oder sicherheitspolizeilichen Gründen die Freiheit des Gewerbebetriebes illusorisch gemacht werden könnte, wenn es sich nicht um bloße Ausnahmen handelt.

3. Die Voraussetzungen der Untersagung sind:

A. Es müssen Tatsachen vorliegen, welche die Unzuverlässigkeit des Gewerbetreibenden in bezug auf diesen Gewerbebetrieb dartun.

a) Erfordert werden demnach Tatsachen, nicht Vermutungen, Meinungen, Überzeugungen. Es kommen Handlungen und Unterlassungen des Gewerbetreibenden in Frage. Ist auch von „Tatsachen“, d. h. von mehreren im Gesetz die Rede, so genügt doch auch eine Einzelhandlung, wenn sie geeignet ist, die Unzuverlässigkeit darzutun[23]). Ob Tatsachen, die vor dem Beginn des Gewerbebetriebes liegen, hier in Frage kommen, mag zweifelhaft erscheinen. Nach dem Wortlaute des Gesetzes ist dies nicht ausgeschlossen. Jemand ist z. B. Bauunternehmer, und es stellt sich heraus, daß er sich früher als Bauleiter Unterlassungen zu Schulden kommen ließ, die ihn als unzuverlässig erscheinen lassen. Meines Erachtens können die vor dem konkreten zu untersagenden Gewerbebetrieb liegenden Tatsachen nicht berücksichtigt werden; denn der durch § 35 Abs. 5 zu bewirkende Schutz wird von der nach Beginn des Gewerbebetriebes vorhandenen sittlichen, tech-

23) Bayr. VGH. vom 21. Dezember 1907, Bd. 29, S. 42; so jetzt auch das Preuß. OVG. vom 13. Mai 1909, Gew.-Arch. Bd. 9, S. 93. Danach ist die Meinung irrig, daß eine Unzuverlässigkeit im Sinne des § 35 stets das Vorhandensein „mehrerer fortlaufender Fälle“ zur Voraussetzung habe. Zu dieser Feststellung genügt schon ein einziger Vorfall, insofern aus diesem geschlossen werden kann, daß der Gewerbetreibende in bezug auf sein Gewerbe unzuverlässig sei.

nischen usw. Qualifikation abhängen, mag auch dieselbe Person früher durch irgend eine Handlung oder Unterlassung zu Ausstellungen Anlaß gegeben haben.

b) Der Begriff der „Unzuverlässigkeit" gehört zu jenen nicht seltenen des Gewerberechtes, die dem Richter ein weitgehendes freies Ermessen geben (vgl. auch §§ 32, 34 GewO.) und seine Überzeugung von dem moralischen Mindestmaß an die Stelle juristischer Norm setzen[24]). Während also der Begriff der „Tatsachen" in der Richtung der Subjektivität nicht verschoben werden darf, ist es hinsichtlich des Begriffes der „Unzuverlässigkeit" sogar notwendig, daß jene Tatsachen (innerhalb der noch anzugebenden gesetzlichen Schranken) eine richterliche Meinung oder Überzeugung auslösen. Jene „Tatsachen" können ebenso auf dem Gebiete der beruflichen (technischen) Sachkunde, wie auf moralischem Gebiete liegen[25]). So wird § 35 Abs. 5 auch den Maßnahmen zuzurechnen sein, „die den vielfachen Klagen über die mangelnde Sicherheit der Bauforderungen gerecht werden sollen". Denn zweifellos liegt eine „Unzuverlässigkeit in bezug auf den Baugewerbebetrieb" bei einem Bauunternehmer vor, der gewohnheitsmäßig leichtfertiger Weise Verpflichtungen gegenüber Bauhandwerkern und Bauarbeitern eingeht, denen nachzukommen er entweder außer stande, oder doch nicht gewillt ist. Es ist also moralische Unzuverlässigkeit, wenn der Gewerbetreibende die Befriedigung der Ansprüche seiner Arbeiter arglistig oder leichtsinnig vernachlässigt hat. Aber nicht bloß eine moralische, auch eine finanzielle Unzuverlässigkeit kann in Frage kommen, so bei Konkurseröffnung oder Leistung eines Offenbarungseides[26]). Hinsichtlich der technischen Unzuverlässigkeit ist eine Stelle aus dem Kommissionsbericht (S. 27, 28) von Interesse. Bei der zweiten Lesung wurde das Bedenken geltend gemacht, daß durch die Bestimmungen des Entwurfs vielleicht den Witwen die Fortführung des Geschäftes unmöglich gemacht werden könnte. Von einem Regierungskommissar wurde die geäußerte Befürchtung als unbegründet bezeichnet. Unzuverlässigkeit einer Witwe eines Bauunternehmers wegen ihres persönlichen Mangels an technischer Ausbildung werde nur dann angenommen werden können, wenn nicht in geeigneter Weise für das Vorhandensein eines qualifizierten Stellvertreters bezw. Bauleiters Sorge getragen werde. Sehr überzeugend ist diese Auffassung nicht, zumal wenn man erwägt, daß die Rechtsprechung zutreffend die Verwendung eines unzuverlässigen Gehülfen als eigene Unzuverlässigkeit ansieht. Nun sagt allerdings

24) Vgl. mein „Freies Ermessen in Rechtsprechung und Verwaltung", Festschrift für Laband Bd. 2, S. 507, Anm. 2.

25) Entsch. des Preuß. OVG. vom 16. Oktober 1895, Bd. 28, S. 329 und vom 6. Januar 1902, Bd. 41, S. 331.

26) Entsch. des Hamburger Senats, Sektion für Gewerberekurssachen vom 5. und 17. Dezember 1907 in meinem Jahrbuch des VerwR. Bd. 3, S. 853. Ein in leichtfertiger Weise erfolgendes bewußtes Abweichen von den genehmigten Bauzeichnungen kann zur Untersagung des Gewerbebetriebes als Bauunternehmer führen Entsch. d. preuß. OVG. v. 25. März 1909 GewArch. Bd. 8 S. 608. —

der Regierungsvertreter, daß für einen geeigneten Stellvertreter gesorgt werden müsse. Die Schwierigkeit besteht aber darin, daß die Witwe, da sie selbst ohne technische Ausbildung ist, nicht zu beurteilen vermag, welcher Stellvertreter „qualifiziert" ist.

Hinsichtlich der Untersagung in sachlicher, örtlicher und zeitlicher Beziehung muß folgendes gelten:

Die Untersagung kann den Gewerbebetrieb in seiner Gesamtheit betreffen, aber auch „einzelne Zweige des Baugewerbes". Dies im Gegensatz zu Abs. 1 des § 35, wo die Untersagung grundsätzlich den Gewerbebetrieb in seiner Gesamtheit trifft und nicht lediglich seine Ausübung in einzelnen Fällen[27]). Wohl aber trifft die Untersagung nach Abs. 5 die Ausübung des Gewerbes an jedem einzelnen Orte des ganzen Deutschen Reiches. Sonst würde durch Änderung des Aufenthalts die Absicht des Gesetzes vereitelt werden können[28]).

c) Die „Tatsachen" müssen die Unzuverlässigkeit „in bezug auf **diesen** Gewerbebetrieb" dartun. Es bedarf also zur Untersagung nicht eines persönlichen sittlichen Mangels des Gewerbetreibenden[29]). Dagegen kann die Unzuverlässigkeit in Übereinstimmung mit der bisherigen Praxis auch geschlossen werden aus der Verwendung eines anerkannt unzuverlässigen Gehülfen im Gewerbebetrieb, z. B. des Ehegatten, dem der gleiche Gewerbebetrieb untersagt ist, und seine Betrauung mit wesentlichen Arbeiten[30]). Ja, es können Handlungen des in ehelicher Gemeinschaft mit dem Gewerbetreibenden lebenden Ehegatten dann berücksichtigt werden, wenn nach den Umständen anzunehmen ist, daß der Ehegatte Einfluß auf die Ge-

27) Preuß. OVG. vom 15. Februar 1894, Bd. 26, S. 286 und vom 12. Dezember 1896, Bd. 31, S. 302.

28) Entsch. des Preuß.OVG. vom 7. November 1904, Bd. 46, S. 355.

29) Vgl. Preuß. OVG. vom 21. November 1893, PrVerwBl. 15, S. 197, wo die Untersagung eines Gewerbebetriebes als Gesindevermieter wegen zu jugendlichen Alters, und vom 2. Mai 1901, Bd. 39, S. 291, wo die Untersagung des Gewerbebetriebes als Rechtskonsulent wegen Geisteskrankheit in Frage stand.

30) Entsch. des Preuß. OVG. vom 27. September 1886, PrVerwBl. Bd. 8, S. 30 und vom 21. November 1893, PrVerwBl. Bd. 15, S. 197. Die Unzuverläßlichkeit eines Immobilienmaklers betreffen die Entscheidungen desselben Gerichtshofes vom 3. Oktober 1906, GewArch. Bd. 6, S. 427 und vom 17. Februar 1908, SelbstVerw. 1908, S. 748. Untersagt wurde der Gewerbebetrieb wegen Verwendung eines unzuverlässigen Dritten. In der Entsch. des Preuß. OVG. vom 8. Oktober 1906 GewArch. Bd. 6, S. 429 ist Unzuverlässigkeit in bezug auf das Geschäft eines Auktionators in Frage. Der bayr. VGH. sprach es in der Entsch. vom 21. Dezember 1907, Samml. Bd. 29, S. 42 aus, daß aus der bewußten Verwendung einer unzuverlässigen Person im Trödlergewerbe auch auf die Unzuverlässigkeit des Geschäftsinhabers geschlossen werden kann. Von Interesse ist die Entsch. des Elsaß-Lothringischen Kaiserl. Rates vom 30. November 1907, Z. u. BABl. 1908 S. 293; dem einzigen Prokuristen einer Lotteriefirma, deren Inhaber auswärts wohnte, ist gemäß § 35 GewO. der Betrieb des Lotteriegeschäftes untersagt, weil er wiederholt wegen Lotterievergehen bestraft ist. Sein Rekurs an den Kaiserlichen Rat wurde zurückgewiesen, da er als tatsächlicher Betreibender des Geschäftes anzusehen sei.

schäftsführung besitzt, oder gewinnen wird[31]. Als einen wichtigen Grundsatz möchte ich aufstellen, daß bei der Beurteilung der Zuverlässigkeit eines Bauunternehmers oder Bauleiters die gerade für diesen Beruf wichtigen Tatsachen geprüft werden müssen, und daß solche, die eine Unzuverlässigkeit in anderer Beziehung oder hinsichtlich eines anderen Berufes betreffen, auszuscheiden haben. Gewiß ist unzuverlässig und nicht nur vom Trödelhandel fernzuhalten[32] eine Person, die unredliche Gesinnung, Geneigtheit zu gewinnsüchtigen Vergehen gegen das Eigentum oder zur Unterstützung solcher Vergehen erkennen läßt. Aber ob an sich moralische Minderwertigkeit, Liederlichkeit, die z. B. für den Tanz-, Turn- und Schwimmunterricht wesentlich sind[33], auch für das Gewerbe der Bauunternehmer und Bauleiter in Frage kommen? Ich verneine diese Frage, wenn jene Tatsachen die Unzuverlässigkeit nicht in bezug auf diesen Gewerbebetrieb dartun. Anders z. B. die Entscheidung des Preuß. OVG.[34], wonach die Untersagung des Rechtskonsulentengewerbes wegen Unzuverlässigkeit auch auf Tatsachen gestützt werden kann, die außerhalb dieses Gewerbebetriebes liegen. Etwas anderes ist es, ob bei der Beurteilung eines Vorfalles auf einen ähnlichen früheren zurückgegriffen werden wird, so, wenn ein Betrug in Frage steht und nach Feststellung eines früheren Betruges die Annahme gerechtfertigt erscheint, daß sich der betreffende in seinem Charakter und in seinem Geschäftsgebaren nicht geändert hat[35]. Eng zusammen hängt damit die Frage nach dem Zeitpunkt der Unzuverlässigkeit. Diese wird von der Verwaltungsbehörde und von dem Verwaltungsrichter für den Zeitpunkt zu beantworten sein, an welchem die Entscheidung ergeht. Eine in diesem Zeitpunkte erhobene frühere unverschuldete Notlage des Unternehmers bleibt daher bei der Würdigung der Zuverlässigkeit z. B. in finanzieller Hinsicht außer Betracht[36]. Bei der Beurteilung der gesamten sittlichen Persönlichkeit ist daher eine gewisse

31) Entsch. des Bad. VGH. vom 6. Juni und 19. September 1905, Zeitschrift für badische Verwaltung 1906, S. 17 und 89.

32) Vgl. die soeben angeführten Entscheidungen des Badischen VGH.

33) Entsch. des Bayer. VerwGerH. vom 13. Februar 1907, Samml. Bd. 28 S. 63; GewArch. Bd. 6 S. 621; Reger Bd. 27 S. 372; mein Jahrbuch des VerwR. Bd. 3 S. 767.

34) Entsch. vom 2. März 1908, GewArch. Bd. 7 S. 594, auch v. 15. Februar 1909, daselbst Bd. 8 S. 601.

35) So Preuß. OVG. vom 13. Mai 1909, GewArch. Bd. 9 S. 93.

36) So Preuß. OVG. vom 13. April 1908, GewArch. Bd. 8 S. 92. Derselbe Grundsatz erscheint auch in der Entsch. vom 8. Februar 1909, Reger Bd. 29, S. 345. Es ist hier bezeichnend, daß der Gerichtshof festgestellt hat, es habe sich eine Person, die als Rechtskonsulent tätig war, nach Eintritt in den Guttemplerorden unter Enthaltung von dem Genusse geistiger Getränke eines ordentlichen und einwandfreien Lebenswandels befleißigt. Die Erwägung, welche den Bezirksausschuß mit Rücksicht auf die zur Zeit des Erlasses seiner Entscheidung bestehenden Verhältnisse zu der Annahme bestimmt habe, daß der betreffende eine infolge Alkoholgenusses herabgekommene Persönlichkeit sei und die erforderliche Zuverlässigkeit nicht mehr besitze, treffe daher zur Zeit der Urteilsfällung nicht mehr zu. Da der Rechtskonsulent seine Absicht, sich emporzuraffen und dem Alkoholgenusse zu entsagen, durch den Beitritt zum Guttemplerorden bewiesen

zeitliche Grenze zu ziehen, und es darf nicht, wenn ein Bauunternehmer z. B. 1910 auf seine Zuverlässigkeit hin geprüft werden soll, auf seine etwaigen dreissig Jahre zurückliegenden Vergehen eingegangen werden[37]).

d) Die „Tatsachen" müssen die Unzuverlässigkeit dartun, d. h. die die Versagung aussprechende Behörde oder der ihre Entscheidung nachprüfende Verwaltungsrichter muß diese Tatsachen als solche angesehen haben, welche in bezug auf diesen Gewerbebetrieb Unzuverlässigkeit ergeben. Hierbei ist die Verwaltungsbehörde wie der Verwaltungsrichter durchaus selbständig. Eine Folgerung aus diesem, vom preuß. OVG. übrigens nicht formulierten Grundsatze scheint mir, daß die Untersagung des Betriebes eines der im § 35 genannten Gewerbe nicht auf die Feststellung gerichtlich gegen den Gewerbetreibenden ergangener Strafen gestützt werden kann. Es müssen vielmehr Verwaltungsbehörde und Verwaltungsgericht das der Bestrafung zu Grunde liegende Verhalten des Gewerbetreibenden selbständig feststellen und würdigen. Jedenfalls werden sie strafrechtliche schwere Vergehen oder Verbrechen auch als Tatsachen der Unzuverlässigkeit werten, z. B. Betrug[38]). Es ist aber ganz selbstverständlich, daß nicht nur solche Tatsachen geeignet sind, die Unzuverlässigkeit zu begründen, welche zu einer Bestrafung

---

und sich seitdem während eines längeren Zeitraumes ordentlich geführt hat, so darf ihm das Vertrauen geschenkt werden, daß er sich auch in Zukunft eines ordentlichen Lebenswandels befleißigen und als zuverlässig in bezug auf seinen Gewerbebetrieb erweisen werde. Dieselbe Entscheidung auch Pr.VerwBl. Bd. 30 S. 407.

37) Ein Beispiel bietet die Entsch. des Preuß.OVG. vom 31. Januar 1907, Pr. VerwBl. Bd. 29 S. 347, GewArch. Bd. 6 S. 614, Reger Bd. 27 S. 532. Danach kann die Unzuverlässigkeit eines Gewerbetreibenden in bezug auf seinen Gewerbebetrieb durch eine zeitlich weit zurückliegende Verurteilung wegen Untreue nicht dargetan werden. Bedenklich die Entsch. des Braunschw. VerwGerH. vom 12. Februar 1908, Zeitschr. für braunschweigische Rechtspflege 1908 S. 37. Dort wird als unzuverlässig bezeichnet ein Tanzlehrer, der vor einigen Jahren einen groben Vertrauensbruch begangen, nicht unerhebliche Beträge unterschlagen und zu seinem Nutzen verwendet hat. Immerhin wird man sagen können, daß die dauernde Berührung eines Tanzlehrers mit jugendlichen Personen erfordert, daß er auch in solchen Beziehungen einwandfrei dastehe, die mit dem Tanzunterricht als solchem nichts zu tun haben. Doch liegt die Frage jedenfalls anders bei einem Bauunternehmer. Mag dieser z. B. vor einigen Jahren sich in einer Weise vergangen haben, die das Baugewerbe als solches nicht betrifft, so kann auf Derartiges vernünftiger Weise nicht zurückgegriffen werden. Vgl. übrigens auch Entsch. des Preuß. OVG. vom 31. Oktober 1907, Pr.VerwBl. Bd. 29 S. 953. Danach kann auch ein früheres Verhalten eines Badeanstaltsbesitzers, wie auch der Umstand, daß er den Betrieb ohne die erforderliche Genehmigung begonnen hat, als Tatsache gelten, welche seine Unzuverlässigkeit dartut. In dieser Allgemeinheit geht das doch zu weit. Richtiger die Entsch. des bad. VerwGerHofs v. 27. Oktober 1903 GewArch. Bd. 3 S. 437, welche die Heranziehung früherer Vorgänge nur insoweit gestattet, als dadurch die zur Zeit des Gewerbebetriebes selbst hervorgetretene Unzuverlässigkeit charakterisiert wird. Bezüglich der Nichbeachtung früherer Verfehlungen bei längere Zeit währender tadelloser Führung vgl. Entsch. d. preuß. OVG. v. 18. Juni 1908 und 8. Februar 1909 GewArch. Bd. 8 S. 261 bezw. 603, siehe oben Note 36.

38) Vgl. Entsch. des Bayer. VerwGerH. vom 4. Dezember 1907, Reger Bd. 28 S. 189 und vom 21. April 1909, daselbst Bd. 29, S. 349, auch GewArch. Bd. 9 S. 100.

geführt haben[39]); wohl aber müssen die Tatsachen selbst feststehen, d. h. sie müssen dargetan werden.

e) Das freie Ermessen, das hinsichtlich der Feststellung der „Tatsachen" und der „Zuverlässigkeit" besteht, darf nicht darüber hinwegtäuschen, daß der Gewerbebetrieb der Bauleiter und Bauunternehmer bei dem Vorliegen der erörterten Voraussetzungen zu untersagen „ist", d. h. untersagt werden muß. Insoweit hat das pflichtgemäße Ermessen der Verwaltungsbehörde (abgesehen von den sogleich zu erörternden Fällen) ihre Grenze. In diesen Zusammenhang gehört der Fall, daß eine Polizeibehörde dem Gewerbetreibenden bei Anmeldung seines Betriebes Erklärungen abgibt, die den Ausschluß der Untersagung bedeuten; diese Erklärungen sind nicht rechtsverbindlich[40]).

f) Die Frage, ob die Behörde die Namen derjenigen Personen, denen ein Gewerbe auf Grund des § 35 untersagt oder entzogen worden ist, öffentlich bekannt geben darf, ist zu verneinen[41]).

B. In dem Absatz 5 des § 35 ist noch vorgeschrieben, daß nach näherer Bestimmung der Landeszentralbehörde die Anhörung von Sachverständigen, welche zur Abgabe von Gutachten dieser Art im voraus von der Verwaltungsbehörde ernannt sind, der Untersagung vorangehen muß. Soweit es sich um Begutachtung für handwerksmäßigen Gewerbebetrieb handelt, erfolgt die Ernennung nach Anhörung der Handwerkskammern des Bezirkes[42]).

C. Durch die Entscheidung in Abs. 5 finden auch die älteren Absätze 6 und 7 auf die Frage der Untersagung des Betriebes des Baugewerbes Anwendung. Danach ist die Möglichkeit gegeben, die Wiederaufnahme des Gewerbebetriebes nach Ablauf eines Jahres wieder zu gestatten. Es hängt dies von der Landeszentralbehörde oder einer von ihr zu bestimmenden Behörde ab. Jene ist in Preussen der Minister für Handel und Gewerbe. Ein Rechtsmittel gegen die Versagung dieser Gestattung ist nicht gegeben[43]). —

39) Bayer. VerwGerH. vom 21. Dezember 1907, Samml. Bd. 29 S. 42, Reger Bd. 26 S. 186.

40) So das Kammergericht in einer Entscheidung vom 17. Februar 1908, Reger Bd. 28 S. 496.

41) Ebenso Verordnung des Königlichen Sächsischen Ministers des Innern vom 1. April 1909, Fischers Zeitschrift Bd. 36 S. 103, Reger Bd. 29 S. 517.

42) Fischers Zeitschrift für Verwaltung Bd. 32 S. 228. Danach sollen als Sachverständige in erster Linie die Bausachverständigen der Baupolizeibehörde gewählt werden, sofern nicht die Persönlichkeit des einzelnen Bausachverständigen für einzelne Zweige des Baugewerbes die Wahl eines anderen Sachverständigen angezeigt erscheinen läßt. Über die Frage der Eignung der Bausachverständigen zur Abgabe von Gutachten im Sinne des Gesetzes vom 7. Januar 1907 für Bauhandwerke, sowie über die Frage des Bedarfs der Ernennung weiterer Sachverständiger haben sich die Kreishauptmannschaften mit der Gewerbekammer in Verbindung zu setzen. Die Ernennung erfolgt für einzelne Gewerbepolizeibezirke nur ausnahmsweise für den Bereich des ganzen Regierungsbezirkes. — Die Anhörung eines Sachverständigen genügt übrigens Entsch. d. bayr. VerwGerHofs v. 8. Juli 1908 GewArch. Bd. 8 S. 275.

43) Entsch. des Pr.OVG. vom 23. Oktober 1902, GewArch. Bd. 2 S. 434. Ebenso württemb. VerwGerH. v. 5. Januar 1909 GewArch. Bd. 8 S. 609.

Der Regierungsentwurf schlug vor:

Artikel 2.

„Hinter § 35 GewO. wird der folgende neue Paragraph eingefügt:

§ 35a.

Mangel an technischer Vorbildung kann als eine Tatsache im Sinne des § 35 Abs. 1 gegenüber Bauunternehmern, Bauleitern oder Personen, die einzelne Zweige des Baugewerbes betreiben, nicht geltend gemacht werden, wenn sie das Zeugnis über die Ablegung einer Prüfung für den höheren oder mittleren bautechnischen Staatsdienst oder das Prüfungs- oder Reifezeugnis einer staatlichen oder von der zuständigen Landesbehörde gleichgestellten baugewerklichen Fachschule besitzen oder wenn sie Diplomingenieure sind.

Das Gleiche gilt gegenüber Bauunternehmern und Bauleitern, wenn sie gemäß § 133 die Meisterprüfung im Maurer- oder Zimmerergewerbe bestanden haben, sowie gegenüber Personen, die einzelne Zweige des Baugewerbes betreiben, wenn sie gemäß § 133 die Meisterprüfung in dem von ihnen ausgeübten Gewerbe bestanden haben.

Die Landeszentralbehörden sind befugt zu bestimmen, welche Prüfungen und Zeugnisse den im Abs. 1 bezeichneten gleichzustellen sind."

Der Grundgedanke ist demnach der, daß der Vorwurf gewerblicher Unzuverlässigkeit m a n g e l s t h e o r e t i s c h e r A u s b i l d u n g den nicht treffen solle, der auf den staatlichen oder staatlich anerkannten Fortbildungsanstalten die dafür vorgeschriebenen Unterrichtskurse mit Erfolg durchgemacht hat. Der Entwurf spricht hier nun von t e c h n i s c h e r Vorbildung und hat drei Fälle geschieden. In dem einen Falle handelt es sich um Bauunternehmer, Bauleiter oder Personen, die einzelne Zweige des Baugewerbes betreiben; in dem zweiten um Bauunternehmer und Bauleiter, wenn sie gemäß § 133 GewO. die Meisterprüfung im Maurer- und Zimmerergewerbe bestanden haben, im dritten um Personen, die einzelne Zweige des Baugewerbes betreiben, wenn sie Prüfungen in dem von ihnen ausgeübten Gewerbe bestanden haben.

Die Reichtagskommission und nach ihr das Plenum des Reichstages haben im Eingang des ersten Absatzes von § 35a statt „technischer" Vorbildung „theoretischer" gesetzt und den zweiten Absatz mit den Worten „Mangel an theoretischer oder praktischer Vorbildung" eingeleitet, weil die im ersten Absatz genannten Prüfungen nicht, wohl aber die Meisterprüfung des zweiten Absatzes die praktische Ausbildung gewährleisten. Wir werden sogleich sehen, wie diese Änderung zu werten ist. Vorher sei noch festgestellt, daß im Gegensatz zum Regierungsentwurf auch das Steinmetzgewerbe in Abs. 2 aufgenommen ist, weil es in Süddeutschland dem Maurer- und Zimmerergewerbe gleichstehe. Es hat nunmehr der § 35a folgenden Wortlaut:

> „Mangel an theoretischer Vorbildung kann als eine Tatsache im Sinne des § 35 Abs. 5 gegenüber Bauunternehmern, Bauleitern oder Personen, die einzelne Zweige des Baugewerbes betreiben, nicht geltend gemacht werden, wenn sie das Zeugnis über die Ablegung einer Prüfung

für den höheren oder mittleren bautechnischen Staatsdienst oder das Prüfungs- oder Reifezeugnis einer staatlichen oder von der zuständigen Landesbehörde gleichgestellten baugewerklichen Fachschule besitzen oder wenn sie Diplomingenieure sind.

Mangel an theoretischer oder praktischer Vorbildung kann als eine Tatsache im Sinne des § 35 Abs. 5 nicht geltend gemacht werden gegenüber Bauunternehmern und Bauleitern, wenn sie gemäß § 133 die Meisterprüfung im Maurer-, Zimmerer- oder Steinmetzgewerbe bestanden haben, sowie gegenüber Personen, die einzelne Zweige des Baugewerbes betreiben, wenn sie gemäß § 133 die Meisterprüfung in dem von ihnen ausgeübten Gewerbe bestanden haben.

Die Landeszentralbehörden sind befugt, zu bestimmen, welche Prüfungen und Zeugnisse den im Abs. 1 bezeichneten gleichzustellen sind."

Die juristische Analyse ergibt hier folgendes:

1. Das freie Ermessen hinsichtlich der Annahme einer Unzuverlässigkeit ist durch das Gesetz erheblich eingeschränkt worden. Ausgeschlossen ist von vornherein, die gewerbliche Unzuverlässigkeit in dem Falle des ersten Absatzes auf Mangel an theoretischer, in dem Falle des zweiten Absatzes auf den theoretischer oder praktischer Vorbildung zu stützen. Man wird nicht verkennen können, daß hier doch ein Stück Befähigungsnachweises in das Gesetz eingedrungen ist. Das Zeugnis über in gewissen staatlichen oder staatlich gleichgestellten Bildungsanstalten abgelegte Prüfungen und das Bestehen der Meisterprüfung werden hier mit einem Privileg ausgestattet. Was zunächst jenen Fall angeht, so scheint dies besonders unangebracht, weil ja gerade das „erfolgreiche Durchmachen der auf den staatlichen oder staatlich anerkannten Vorbildungsanstalten vorgeschriebenen Unterrichtskurse", wie es im Entwurf hieß und das Prüfungszeugnis, wovon der geltende Gesetzestext handelt, den Betreffenden so sehr in seiner theoretischen Ausbildung festigen müßten, daß er einer Nachprüfung seiner Ausbildung im konkreten Falle durch Verwaltungsbehörde und Verwaltungsgericht mit besonders ruhigem Gewissen entgegensehen müßte. Umgekehrt ist zu befürchten, daß die unter dem Schutze eines solchen Privilegs Stehenden sich gar leicht der Vertiefung und Weiterförderung ihrer theoretischen Ausbildung entschlagen könnten und dies umsomehr, je länger ihre Studienzeit zurückliegt. — Sodann ist es auch jene Bevorzugung, die praktisch von ganz besonderer Gefahr für die Öffentlichkeit ist. Setzen wir den Fall, daß ein Neubau einstürzt, eine größere Anzahl von Arbeitern unter sich begräbt, vorübergehende Personen erheblich verletzt. Eine Untersuchung ergibt, daß das Unglück auf Fehler des Bauleiters in der architektonischen Grundzeichnung, auf die dort vorgesehenen Maßverhältnisse und die Materialstärke zurückzuführen ist, also auf den Mangel ausreichender theoretischer Kenntnis. Nach § 35a Abs. 1 kann dem Bauleiter aus diesem Grunde nicht der Makel der Unzuverlässigkeit aufgedrückt werden. Wenn also noch so schwere Verstöße aus dem Mangel theoretischer Ausbildung resultieren,

so ist der „Geprüfte" und der „Meister" vor jeder Gefahr einer Untersagung seines Gewerbebetriebes sicher! Man sieht hierin einen generellen Fehler des Befähigungsnachweises in der Beleuchtung des praktischen Lebens. Prüfungen sind gut, sachliches Können ist besser. Der in seinem Handwerk Tüchtige, aber nicht Geprüfte, wird vom Recht zurückgesetzt gegenüber demjenigen, der trotz (vielleicht schon vor vielen Jahren bestandener) Prüfung keine für seinen Beruf genügende Befähigung aufweist. Verallgemeinern wir diesen Zustand und das Absurde des obligatorischen Befähigungsnachweises muß einleuchten. — Was den Besitz des Meistertitels angeht, so ist hier aus denselben Gründen die Privilegierung unangebracht.

Im übrigen ist dieser ganze Paragraph allenfalls vorbeugender Natur und steht deshalb im Widerspruch mit dem Grundgedanken des § 35 Abs. 5 GewO. Wir haben gesehen, daß hier eine vorgängige Untersuchung unzulässig, daß die Verwaltungsbehörde weder verpflichtet noch berechtigt ist, die Möglichkeit einer Unzuverlässigkeit vorhergehend ins Auge zu fassen oder nachzuprüfen. Ganz das Gegenteil muß aber eine Folgerung des § 35a ergeben; denn eine Untersagung wegen Mangels an theoretischer oder praktischer Vorbildung (gegenüber den in diesem letzteren Paragraphen nicht Privilegierten) kann doch nur Sinn haben, wenn die Behörde annimmt, jener Mangel qualifiziere den Betreffenden derart negativ, daß von ihm Schaden für die Allgemeinheit oder für Einzelne, insbesondere die Bauarbeiter oder Baugläubiger erwartet werden kann. Sonst wird ja doch verständigerweise nur eingeschritten werden, wenn Tatsachen des Betriebs als solchen vorliegen, wo also die Frage, wie der Mann früher einmal ausgebildet worden ist, ganz gleichgültig erscheint, vielmehr nur, wie er in seinem Berufe verfährt, von Erheblichkeit ist. Stützt sich die Untersagung aber auf „Tatsachen, welche gröbliche, aus Leichtsinn oder Gewissenlosigkeit resultierende Verstöße gegen die Regeln der Baukunst oder gegen gesetzliche, polizeiliche, berufsgenossenschaftliche und Unfallverhütungsvorschriften, Arbeiterschutzbestimmungen oder betrügerische Geschäftspraktiken bei der Bauausführung dartun"[44]), so genügt schon eine dieser Verfehlungen, allenfalls eine Verbindung mehrerer zur Begründung der Untersagung gegen den Privilegierten, wie den Nichtprivilegierten, und den Mangel „in der theoretischen oder praktischen Ausbildung" noch besonders geltend zu machen, ist gänzlich überflüssig. Wenn demnach der durch das Prüfungswesen Privilegierte wegen eines Mangels an theoretischer Vorbildung überhaupt nicht, der Nichtprivilegierte aber nur dann angefaßt werden darf, wenn eine vorbeugende Präventivmaßregel im Gegensatz zu § 35 Abs. 5 angenommen wird, so mag man ermessen, wie wenig sorgfältig hier der Gesetzgeber gearbeitet hat.

2. Eng zusammen hängt damit, daß die Unzuverlässigkeit in beruflicher Hinsicht auch bei solchen privilegierten Personen des § 35a auf andere Tatsachen, z. B. moralische, für dieses Gewerbe schädlich gewordene Defekte

44) Diese Worte stehen in einem nicht durchgedrungenen Antrag des Kommissionsberichtes Seite 13.

sehr wohl gestützt werden darf und daß dann die Untersagung statthaft ist. Aber jene Tatsachen dürfen nicht ihren Grund im Mangel der „Ausbildung" haben. Ist dies der Fall, liegt die Verfehlung noch so schlimm, so läuft der Privilegierte nicht die Gefahr der Untersagung. Dies, obwohl ein Regierungsvertreter in der Kommission davor gewarnt hat, die Bedeutung abgelegter technischer Prüfungen zu überschätzen und auf die Unglücksfälle hinwies, die trotz formaler Befähigung der Bauleiter eingetreten seien[45]. Wenn es auch, allen Unzuträglichkeiten zum Trotze, gelingen sollte, den Befähigungsnachweis für das Baugewerbe durchzuführen, was sei denn damit zur Erreichung des angestrebten Zieles gewonnen? Daß die Bauunternehmer und Bauleiter ein gewisses Durchschnittsmaß von Kenntnissen nachgewiesen hätten, so weit sich solcher Nachweis im Wege einer Prüfung überhaupt erbringen läßt. Mehr aber nicht. Von den zahlreichen Elementen, die aus Leichtsinn, Gewinnsucht usw. unsolide Bauten ausführten, werde der Baugewerbestand damit in keiner Weise befreit. Dazu komme, daß eine Regelung in diesem Sinne überhaupt nur die Verhältnisse beim Hochbau im Auge habe und treffe, die mindestens ebenso schwierige und gefährliche Ausführung von Wege-, Brücken-, Wasser-, Tief- usw. Bauten aber kaum berühre.

3. Das Privileg wird erworben durch a) Besitz eines Zeugnisses über die Ablegung einer Prüfung für den höheren, b) den mittleren bautechnischen Staatsdienst, c) ein Prüfungs- oder Reifezeugnis einer staatlichen[45a] oder d) einer durch Landesbehörden gleichgestellten[45a] baugewerklichen Fachschule, e) Diplomingenieur-Examen, f) Besitz von Zeugnissen über Ablegung von Prüfungen, denen die Landeszentralbehörden durch ausdrückliche Bestimmung die Gleichberechtigung verliehen haben. Es genügt also nicht, daß nach der Auffassung des Verwaltungsrichters im Streitfalle irgend ein Zeugnis oder irgend eine Prüfung sachlich gleichzustellen ist. Aus alledem ergibt sich, daß die Aufzählung a—d nicht erschöpfend ist und sein soll. Es war wegen der Verschiedenheit der Verhältnisse in den einzelnen Bundesstaaten nicht möglich, „eine allen Wünschen gerecht werdende Formulierung" zu finden, d. h. eine lückenlose Liste aufzustellen. Es versteht sich von selbst, daß die Landeszentralbehörden befugt sind, für die Prüfungen, sowohl bei einzelnen Anstalten als auch bei ganzen Gruppen von solchen, Bestimmungen zu erlassen. Die Delegation an die Landeszentralbehörde, also das betreffende Ministerium, ist innerhalb der durch die Zwecke der Bestimmung des Abs. 3 § 35a gegebenen Grenzen nicht beschränkt worden.

45) Von anderer Seite wurden, Kommissionsbericht Seite 8/9, die Bauunffälle besprochen; sie seien gegenüber anderen Berufen „am höchsten": 56 610 Unfälle, von denen 11 000 zu entschädigen waren, in einem Jahre und ca. 1000 Todesfälle. Unfälle ereigneten sich auf allen Bauten gleichmäßig und ohne Rücksicht darauf, welche Vorbildung der Unternehmer genossen habe.

45a) Das Verzeichnis dieser Schulen ist in den Bek. des Reichskanzlers vom 13. März 1909 (ZentrBl. S. 70), v. 5. April 1909 (ZentrBl. S. 169) und v.26. Juni 1909 (ZentrBl. S. 304) angegeben.

4. Die Bevorzugung kommt (jene Zeugnisse und Prüfungen zu 3. vorausgesetzt) zugute a) Bauunternehmern und Bauleitern ohne Meisterprüfung schlechthin; b) denselben mit Meisterprüfung (§ 133 GewO.) im Maurer-, Zimmerer- und Steinmetzgewerbe; c) Personen, die „einzelne Zweige des Baugewerbes betreiben"; es ist zu beachten, daß diese nicht Bauunternehmer oder Bauleiter sein müssen; d) solchen Personen, wenn sie die Meisterprüfung (§ 133 GewO.) in dem von ihnen ausgeübten Gewerbe bestanden haben. In den Fällen a und c ist nur die theoretische, in den Fällen b und d auch die praktische Vorbildung genannt, die als eine die Untersagung begründende Tatsache nicht geltend gemacht werden kann. —

Art. 3 des Regierungsentwurfes ist in die Novelle vom 7. Januar 1907 unverändert aufgenommen worden: Er lautet:

„Hinter § 53 wird der folgende neue Paragraph eingeschaltet:

§ 53 a.

Die unteren Verwaltungsbehörden können bei solchen Bauten, zu deren sachgemäßer Ausführung nach dem Ermessen der Behörde ein höherer Grad praktischer Erfahrung oder technischer Vorbildung erforderlich ist, im Einzelfalle die Ausführung oder Leitung des Baues durch bestimmte Personen untersagen, wenn Tatsachen vorliegen, aus denen sich ergibt, daß diese Personen wegen Unzuverlässigkeit zur Ausführung oder Leitung des beabsichtigten Baues ungeeignet sind".

Für die der Behörde hier eingeräumte Befugnis, bei umfangreichen und schwierigeren Bauten im Einzelfalle erwiesenermaßen unzuverlässige Baugewerbetreibende zurückzuweisen, war maßgebend, daß solche Bauten mit einer großen Gefahr verbunden sind und daß durch die Vorschrift bereits vor Beendigung des mitunter langwierigen gemäß § 35 Abs. 5 statthaften Untersagungsverfahrens ein Eingriff ermöglicht werden soll. Die Vorschrift ist durchaus vernünftig und dürfte die einzig praktisch wirksame von allen hier fraglichen werden. Der Unterschied gegenüber allen bisher erörterten Fällen besteht in folgendem:

a) Es handelt sich nicht um eine Untersagung des Gewerbebetriebes im ganzen oder in einzelnen Zweigen, sondern in einem einzelnen konkreten Falle.

b) In persönlicher Beziehung betrifft die Untersagung „bestimmte Personen". Sie richtet sich gegen alle Bauausführende oder Bauleiter, mögen sie selbständig sein oder nicht, auf eigene oder fremde Rechnung tätig sein, während ersteres in § 35 Abs. 5 gefordert wird. Auch gegen die in § 35a Privilegierten richtet sich die Bestimmung. Ich nehme dies an, weil das Privileg sich nur auf § 35 Abs. 5 stützt. Ist dies richtig, so ist der von mir (S. 27. 28) dargelegte Nachteil, der sich aus der Anwendung des § 35a leicht ergeben kann, zum Teil behoben. Freilich ist die Frage nicht ganz unzweifelhaft. Die Begründung läßt erkennen, daß sich der § 53a gegen Vorarbeiter, Poliere, d. h. sozial, technisch und hinsichtlich der Ausbildung unter dem Bauleiter und Bauunternehmer stehende Kategorien wendet, die Idee einer Antastung der Geprüften keineswegs naheliegt. Andererseits heißt es in der Begründung Seite 9 einmal: „Die Vorschriften des Art. 2 (jetzt § 35a) stehen dem Erlasse der hier (Art. 3 jetzt § 53a) in Rede stehenden Verfügungen nicht entgegen". Danach wäre meine Auffassung zutreffend. Dann ergibt sich aber das Sonderbare, daß dem Geprüften das ganze Baugewerbe nicht untersagt werden kann, daß aber, wenn er unglücklicherweise „einen höheren Grad praktischer Erfahrung oder technischer Vorbildung" trotz seiner schönen Zeugnisse und Prüfungen nicht besitzt, ihm der konkrete Bau immer wieder verboten werden kann.

c) In sachlicher Beziehung ist die Untersagung hier an die Voraussetzung geknüpft, daß es sich um schwierigere Bauten handelt oder, wie das Gesetz sagt, um solche, „zu deren sachgemäßer Ausführung ein höherer Grad technischer Erfahrung oder technischer Vorbildung erforderlich ist". Ob diese Formulierung sehr glücklich ist, möchte ich bezweifeln. Denn es kommt zwar sicherlich auf die Schwierigkeit des konkreten Baues an, aber doch auch auf das Maß der Befähigung des Bauausführenden in objektiver Hinsicht, sodaß ein an sich nicht gerade schwieriger Bau in den Händen eines sachlich Unbefähigten dieselben Gefahren herbeiführen kann, wie ein schwierigerer in den Händen eines Mittelmäßigen.

d) Die Untersagung kann hiernach erfolgen wegen mangelnder Eignung zur Ausführung oder Leitung des beabsichtigten Baues; der Grund dieser mangelnden Eignung ist aber nach dem Gesetz die Unzuverlässigkeit („wegen Unzuverlässigkeit .... ungeeignet sind"). In Wirklichkeit kann nur der Begriff der Unzuverlässigkeit, wie oben geschehen, mit rechtlichem Inhalt versehen werden. Der Ausdruck „ungeeignet" gibt jedenfalls hier keine anderen rechtlichen Anhaltspunkte, als eben den Hinweis auf die Unzuverlässigkeit.

e) Zuständig zum Erlasse der „Zurückweisungsverfügung" ist die untere Verwaltungsbehörde, da es bedenklich scheint, die hier gewährten weitgehenden polizeilichen Befugnisse auch in kleineren Gemeinden der Ortspolizeibehörde beizulegen, andererseits aber im Interesse der Schnelligkeit der Entscheidung und wegen der erforderlichen Kenntnis der örtlichen Verhältnisse die Inanspruchnahme der höheren Verwaltungsbehörde nicht zweckmäßig war. In Preußen sind zuständig zum Erlaß der Untersagungsverfügungen in Stadtkreisen, sowie in den zu einem Landkreise gehörigen Städten mit mehr als 10 000 Einwohnern (in der Provinz Hannover in den Städten, auf die die revidierte Städteordnung vom 24. Juni 1858 Anwendung findet, mit Ausnahme der im § 27 Abs. 2 der hannov. KrO. vom 6. Mai 1884 benannten Städte) die Ortspolizeibehörde, im übrigen die Landräte (in den hohenzollernschen Landen die Oberamtmänner).[46])

46) Verfügung der Minister für Handel, öffentliche Arbeiten und des Innern vom 26. Februar 1907, MBl. f. d. i. V. 104.

f) Ob zu der Ausführung des konkreten Baues ein höherer Grad praktischer Erfahrung oder technischer Ausbildung erforderlich ist, richtet sich nach dem Ermessen der Behörde, d. h. der unteren Verwaltungsbehörde, nur daß diese sich wieder an einen Sachverständigen halten muß. Die Begründung Seite 7 weiß Rat: Zur Beurteilung der dabei in Betracht kommenden Fragen stehen in den meisten Städten und in den Landgemeinden, in denen häufig solche bedeutenden Arbeiten zur Ausführung gelangen, den Behörden technische Kräfte in ausreichendem Maße zur Verfügung, während sie sich in den übrigen Gemeinden vorkommenden Falles vor Erlaß der Zurückweisungsverfügung des sachverständigen Beirates eines staatlichen oder kommunalen Baubeamten werden bedienen können.

g) Das Entziehungs- oder Untersagungsverfahren des § 35 ist von der Untersagungs- oder Zurückweisungsverfügung des § 53a scharf zu unterscheiden; eines kann ohne das andere stattfinden. Die letztere ist insbesondere unabhängig von einem Untersagungsverfahren des § 35. Das schließt jedoch nicht aus, daß die Zurückweisungsverfügung im gegebenen Falle Vorläufer jenes Verfahrens ist.

h) Der 2. Absatz des § 53a, der die weitergehenden landesrechtlichen baupolizeilichen Vorschriften betrifft, ist von der Reichstagskommission hinzugefügt. Man wollte nicht eine landesrechtliche Fürsorge auf diesem Gebiete, die sich als segensreich erwies, ausschalten[47]). Der Vorbehalt hat für Bayern besondere Bedeutung, da die MinBek. vom 28. März 1907 Ziff. 2 Abs. 4 bestimmt: „Demgemäß behalten die Vorschriften in § 72 Abs. 3 der Allgemeinen Bauordnung und § 91 der Bauordnung für München vom 27. Juli 1895 (21. März 1900) auch fernerhin uneingeschränkte Geltung, wonach die Baupolizeibehörde die als Bauleiter namhaft gemachte Person beanstanden kann, wenn diese die für eine sichere Bauführung erforderliche Zuverlässigkeit nicht besitzt" (vgl. auch Art. 101 PStGB.). Im Königreich Sachsen kann gemäß § 151 des Allgemeinen Baugesetzes vom 1. Juli 1900 die Baupolizeibehörde im Einzelfalle solche Personen als Bauleiter oder als Bauausführende zurückweisen, hinsichtlich welcher Tatsachen vorliegen, aus denen sich ergibt, daß sie wegen Unzuverlässigkeit oder Mangels an Sachkunde zur Leitung des beabsichtigten Baues ungeeignet sind.

Wegen der großen Tragweite einer Versagung sowohl im Sinne des § 35 Abs. 5, als auch in dem des § 53a ist das Rechtsmittelverfahren vorgesehen.

Während die Untersagung des § 35 bei erfolgter Einlegung des Rechtsmittels (§§ 54 Abs. 1, 40 Abs. 2) erst dann Wirksamkeit erlangt, wenn eine rechtskräftige Entscheidung vorliegt, tritt die Untersagungsverfügung des § 53a ohne Rücksicht auf etwa eingelegte Rechtsmittel sofort in Kraft. Die aufschiebende Wirkung ist hier wegen der erheblichen Gefahr bei umfangreichen Bauten versagt worden. Im übrigen ist zu unterscheiden:

47) KommBer. S. 15, 16, StenBer. S. 3825.

a) Wegen Untersagung des Betriebes der in § 35, also auch in Abs. 5 erwähnten Gewerbe ist Rekurs zulässig. Verfahren und Behörden für diesen werden durch die bekannten Vorschriften der §§ 20, 21 GewO. bestimmt (§ 40 Abs. 2). Jene gelten bekanntlich dort, wo die landesrechtlichen Vorschriften über das Verwaltungsstreitverfahren fehlen oder nicht zur Anwendung kommen. Dagegen ist bezüglich des Verfahrens für die Untersagung im § 54 Abs. 1 nur die Bezugnahme auf die letzterwähnten Vorschriften gegeben. In Preußen entscheidet auf Klage der Polizei des Betriebs- (nicht des Wohn-) ortes der Kreisausschuß, in Stadtkreisen und in den zu einem Landkreise gehörigen Städten von mehr als 10 000 Einwohnern der Bezirksausschuß (Zuständigkeitsgesetz vom 1. August 1883 § 119 Ziff. 1). In Bayern ist in erster Instanz die Distriktsverwaltungsbehörde, in München die Lokalbaukommission zuständig (§ 17 der VollzVO. vom 29. März 1892, MinBek. vom 28. März 1907 Ziff. 1 Abs. 4 und Ziff. 2 Abs. 6).

b) Wegen Untersagung in Gemäßheit des § 53a ist eine abweichende Regelung getroffen worden. Zunächst hatte der Regierungsentwurf folgendes vorgesehen:

Artikel 4.

Der § 54 erhält folgenden zweiten Absatz:

Der Bescheid, der die Untersagung der Ausführung oder Leitung eines Baues ausspricht (§ 53a) kann, soweit nicht durch die Landesgesetzgebung ein besonderes polizeiliches Verfahren vorgesehen ist, im Wege des Rekurses gemäß §§ 20, 21 angefochten werden. Die Landesregierungen können bestimmen, daß die Anfechtung im Verwaltungsstreitverfahren zu erfolgen hat. Die Einlegung von Rechtsmitteln hat keine auf schiebende Wirkung.

Es war hier also der Rekurs direkt gegen die untersagende Verfügung vorgesehen. Durch die Reichstagskommission ist aber ein besonderes Einspruchsverfahren eingeführt worden, um eine schnellere erste Entscheidung zu ermöglichen. Jener Art. 4 wurde im Gesetz zu Abs. 2 des § 54 der GewO., der nunmehr bestimmt:

Gegen die Untersagung der Ausführung oder Leitung eines Baues (§ 53a) findet innerhalb einer Frist von zwei Wochen nach der Zustellung der Einspruch bei der unteren Verwaltungsbehörde statt, dessen Erhebung keine aufschiebende Wirkung hat. Die Erteilung des Bescheids auf den Einspruch, welcher die Anhörung von Sachverständigen gemäß § 35 Abs. 5 vorangehen muß, soll spätestens innerhalb drei Wochen nach der Erhebung des Einspruchs erfolgen. Der Bescheid, der die Untersagung der Ausführung oder Leitung eines Baues gegenüber dem erhobenen Einspruch aufrecht erhält, kann im Wege des Rekurses gemäß §§ 20, 21 angefochten werden. Die Landesregierungen können bestimmen, daß die Anfechtung im Verwaltungsstreitverfahren zu erfolgen hat. Die Einlegung von Rechtsmitteln hat keine aufschiebende Wirkung.

Die zwei ersten Sätze, wonach dem mit dem Rekurse anfechtbaren Bescheid ein Einspruchsverfahren voranzugehen hat, sind von der Reichstagskommission vorgeschlagen und im Plenum auf einen Antrag Trimborn angenommen worden[48]). Außerdem hatte die Regierungsvorlage bezüglich des Verfahrens einen Vorbehalt zu Gunsten bestehender landesrechtlicher Vorschriften enthalten, wie dies aus den oben gesperrt gedruckten Worten des Art. 4 ersichtlich ist. Die Motive hatten hierzu bemerkt: „Wo sich die landesrechtlichen Vorschriften über das Verwaltungsstreitverfahren hierfür eignen, kann es den Landesregierungen überlassen bleiben, dieses auf dem landesrechtlich vorgesehenen Wege vorzuschreiben. In mehreren Bundesstaaten, z. B. im Königreich Sachsen, steht bereits jetzt den Baupolizeibehörden die Befugnis zur Ausschließung einzelner Personen von bestimmten Bauten zu, wobei das Rechtsmittelverfahren eine vom Art. 4 abweichende Regelung erfahren hat: es liegt nicht in der Absicht des Entwurfs, bewährte Vorschriften dieser Art zu beseitigen oder abzuändern.“ Der Reichstag hat sich aber nicht entschließen können, diesen Vorbehalt anzuerkennen, weil man eine einheitliche Regelung des Verwaltungsstreitverfahrens im ganzen Deutschen Reiche für alle diese Fragen gewinnen und es nicht der Landesgesetzgebung überlassen wollte, hierfür einen nicht erforderlichen Spielraum zu gewähren. Ich stimme deshalb v. Landmann, GewO. Bd. 2 (1907) S. 838 in der Annahme bei, daß, wenn auch auf Grund landesrechtlicher Bestimmungen die Beanstandung eines Bauleiters erfolgt, das weitere Verfahren sich nach dem neuen § 54 Abs. 2 bemißt. Im übrigen sind folgende Stadien des Verfahrens zu durchlaufen.

Die „Zurückweisungsverfügung“ muß den Betroffenen von der unteren Verwaltungsbehörde zugestellt sein. Innerhalb 14 Tagen (Ausschlußfrist!) nach dieser Zustellung ist ein Einspruch dem gegeben, den die Untersagung der Bauausführung oder Bauleitung trifft. Hierauf ergeht, indes die Zurückweisungsverfügung in Kraft bleibt, ein Bescheid auf den Einspruch. Für diesen ist einmal die obligatorische Anhörung von Sachverständigen und sodann die Einhaltung einer Frist von 3 Wochen nach Erhebung des Einspruches vorgeschrieben. Gibt der Bescheid dem Einspruche statt, so ist dies mit der Aufhebung der Zurückweisungsverfügung identisch. Hält der Bescheid aber die Untersagung aufrecht, dann kann der Rekurs gemäß §§ 20, 21 GewO. stattfinden, der aber keine aufschiebende Wirkung hat. Da die meisten Einzelstaaten in Deutschland jetzt ein Verwaltungsstreitverfahren besitzen, ist die Anfechtung auf diesem Wege möglich. Für Preußen erging die Kgl. VO. vom 4. Februar 1907. Danach findet gegen den Bescheid der unteren Verwaltungsbehörde, der die auf Grund des § 53a erfolgte Untersagung der Ausführung oder Leitung des Baues gegenüber dem erhobenen Einspruche aufrecht erhält, binnen zwei Wochen die Klage bei dem Bezirksausschusse statt. Ist die Untersagungsverfügung (sowohl die des § 35 Abs. 5, als auch

48) KommBer. S. 15, 28, StenBer. S. 3825 f.

die des § 53a) nicht angefochten oder nach Anfechtung rechtskräftig bestätigt worden, so sind event. die Mittel des Verwaltungszwangsverfahrens (in Preußen § 132 des Landesverwaltungsgesetzes vom 30. Juli 1883) anzuwenden[49]).

III.

Das Gesetz über die Sicherung der Bauforderungen. — Die drei Grundpflichten.

Der enge ideelle Zusammenhang zwischen dem in der Novelle vom 7. Januar 1907 gewährten und dem von dem Gesetz über die Sicherung der Bauforderungen vom 1. Juni 1909 erhofften Schutz kann unmöglich verkannt werden. Schwebte dort vor das Ziel der möglichsten Bewahrung der Allgemeinheit vor den Gefahren unsachgemäßer und frivoler Ausübung des Bauhandwerks, die Hebung des Bauhandwerks als solchen, nicht minder die Sicherung der Bauhandwerker (s. o. S. 10), so scheint hier dieser letztere Zweck, in die generelle Form eines Schutzes der Bauglàubiger gekleidet, vorzuwiegen, ohne daß jedoch die beiden anderen Ziele der Novelle von 1907 ausgeschaltet wären[49a]). So sehr hängen beide Neuerungen zusammen, daß skeptische Beurteiler des Gesetzes vom 1. Juni 1909 ihre Hoffnung gerade jetzt auf § 35 GewO. richten, weil ja dort den wirtschaftlich, moralisch und technisch unzuverlässigen Bauunternehmern der Gewerbebetrieb untersagt werden könne! Mir will scheinen, daß man zwar nicht allzu große Hoffnungen auf das jüngste Gesetz bauen darf, denn seine Bestimmungen werden das, was sie im Auge haben, keineswegs so ohne weiteres, wie ich sogleich zeigen werde, gewährleisten. Aber es ist doch einmal ein Anfang, und die Erfahrungen, die sich an die Anwendung der bisher unerprobten Vorschriften knüpfen werden, mögen dann zu weiterer Ausgestaltung, zu schärferem Durchgreifen führen.

Das Bauglàubigerschutzgesetz, wie es genannt werden mag, hat eine lange, schon auf ein Jahrzehnt zurückreichende, hier nicht wiederzugebende Vorgeschichte. Es ist unter Zugrundelegung des Regierungsentwurfes vom 29. April 1907 entstanden, der wieder in den Bahnen des im Jahre 1903 der öffentlichen Kritik unterbreiteten Entwurfes B einherging. Es ist aber eine ganz einschneidende Änderung mit dem Regierungsentwurf vor sich gegangen. Dieser enthielt nur Vorschriften über die dingliche Sicherheit von Bauforderungen. Der Reichstag verwies diese in den zweiten Abschnitt und setzte als ersten „Allgemeine Sicherungsmaßregeln", die eine ganz besondere Bedeutung gewinnen. Denn nur dieser Abschnitt des Gesetzes ist

---

49) Im übrigen finden die Vorschriften der Ziff. 7 Abs. 2 und 3, 10, 59 bis 62 der preuß. AusfAnw. zur GewO. vom 1. Mai 1904 entsprechende Anwendung. Für Bayern vgl. die Bekanntm. vom 28. März 1907, betr. den Vollzug des Gesetzes über Abänderung der Gewerbeordnung, GVBl. S. 226.

49a) Vgl. auch Mügel, Baugeldverwendung und Baubuch, Gruchot's Beiträge Bd. 54 (1910) S. 1—41.

mit dem 21. Juni 1909 in Kraft getreten. Bezüglich des zweiten, der die Überschrift „Dingliche Sicherung der Bauforderungen“ führt, haben die Einzelstaaten zu bestimmen, ob und in welchen Gemeinden er eingeführt werden soll. Schon haben sich heftig streitende Gruppen von Juristen, Nationalökonomen, Handwerksinteressenten usw. gefunden, die sich teils energisch für die Inkraftsetzung des zweiten Abschnittes einsetzen, teils auf das eindringlichste fordern, daß dies nicht geschehe, während eine dritte Gruppe abwarten will, welche Ergebnisse die Schutzmaßregeln des ersten Abschnittes zeitigen werden, indes eine vierte nur sorgfältige Vorbereitungen und Erwägungen empfiehlt. Es gilt zunächst von dem rechtlichen Inhalt notwendige Kunde zu geben. Es sind hier die „Allgemeinen Sicherungsmaßregeln“ ins Auge zu fassen.

Das Gesetz schafft drei neue Pflichten, die sich beziehen auf 1. die Baugeldverwendung, 2. die Buchführung, 3. das Anschlagen des Namens des Eigentümers oder Unternehmers.

1. Die Baugeldverwendungspflicht (§§ 1 und 5). Es ist zu unterscheiden:

A. Die Pflicht liegt ob dem Empfänger von Baugeld. Das Wort „Empfänger“ macht es klar, daß es nicht bloß berufsmäßige Bauunternehmer sein müssen, die hier in Frage kommen. Eine irgendwie geartete Qualifikation dieser Baugeldempfänger wird nicht vorausgesetzt. Unter Baugeld sind Geldbeträge zu verstehen, die zum Zwecke der Bestreitung der Kosten eines Baues in der Weise gewährt werden, daß zur Sicherung der Ansprüche des Geldgebers eine Hypothek oder Grundschuld (§§ 1191 ff. BGB.), an dem zu bebauenden Grundstücke dient, oder die Übertragung des Eigentums an dem Grundstücke erst nach gänzlicher oder teilweiser Herstellung des Baues erfolgen soll. Baugelder sind also nicht solche, die zwar zu dem gleichen Zwecke, aber gegen irgendwelche andere Sicherung gewährt werden. Die Eingangsworte der Denifition „Geldbeträge, die zum Zwecke der Bestreitung eines Baues gewährt werden“ hat Abs. 3 Satz 2 des Gesetzes noch spezialisiert; es gelten „insbesondere“, also nur beispielsweise, solche, deren Auszahlung ohne nähere Bestimmung des Zweckes bei Verwendung nach Maßgabe des Fortschreitens des Baues erfolgen soll und solche, die gegen eine als Baugeldhypothek bezeichnete Hypothek gewährt werden. Von dieser soll weiter unten noch die Rede sein. Die gesetzliche Definition muß hingenommen werden, mag man sie auch anders gewünscht haben. Sicher ist, daß das „Baugeld“ bisher von der Theorie nicht genügend definiert worden ist. Auch das Reichsgericht hat in der Entscheidung in Zivilsachen Bd. 37 S. 336 nur ausgeführt, die Bedeutung des Baugeldvertrages wurzele darin, daß das zur Herstellung eines Neubaues herzugebende Darlehen in Raten nach Maßgabe des Fortschreitens des Baues gezahlt werde. Sicher war eine Definition des Begriffes notwendig (KommBer. S. 31), wenn man den Tatbestand des Vergehens in § 5 feststellen wollte.

B. Die Pflicht ist zugunsten der Baugläubiger statuiert. Als solche werden im Gesetz (§ 1) bezeichnet „Personen, die an der Herstellung des Baues auf Grund eines Werk-, Dienst- oder Lieferungsvertrages beteiligt sind“, also Handwerker, Bauarbeiter, Lieferanten. Der Ausdruck „Gläubiger“ kommt an dieser Stelle nicht, sondern erst in § 1 Satz 2 vor, während der dritte Titel des zweiten Abschnittes „Baugläubiger“ überschrieben ist. Nach § 18 sind dort Baugläubiger die an der Herstellung eines Gebäudes auf Grund eines Werk- oder Dienstvertrages Beteiligten, sowie diejenigen, welche zur Herstellung des Gebäudes Sachen geliefert haben, sofern die Werk-, Dienst- oder Lieferungsverträge von dem Eigentümer der Baustelle oder für seine Rechnung geschlossen worden sind. Bis zu den gesperrt gedruckten Worten stimmt der Begriff des § 18 mit dem des § 1 überein, während darüber hinaus die nähere Bestimmung erfolgt war zu dem Zweck, um den dinglichen Schutz nur dem auf diese Weise eingeengten Kreis der Baugläubiger zu gewähren.

C. Der Inhalt der Pflicht ist: die Verwendung des Baugeldes zur Befriedigung der Baugläubiger. Nicht statthaft ist die Verwendung für andere den Bau betreffende Zwecke: Kosten der Auflassung, Umsatzsteuer, Schlußprovisionen (KommBer. S. 26).

Es sind jedoch Ausnahmen von der Verwendungspflicht gegeben:

D. Wenn der Empfänger aus andern Mitteln Baugläubiger befriedigt hat, so ist ihm eine „anderweitige Verwendung“ des Baugeldes bis zu jenem Betrage gestattet.

E. Wenn der Empfänger selbst an der Herstellung beteiligt ist, also z. B. als Lieferant von Material, als Bauarbeiter, Bauhandwerker, Steinmetz, Schreiner, Schlosser, Hersteller einer Zentralheizung, einer Anlage für elektrische Beleuchtung usw., so darf er Baugeld für sich behalten, aber nur in Höhe der Hälfte des angemessenen Wertes der von ihm in den Bau verwendeten Leistung, oder, wenn die Leistung von ihm noch nicht in den Bau verwendet worden ist, der von ihm geleisteten Arbeit und der von ihm gemachten Auslagen. Es ist demnach besonderes für den Fall vorgesehen, daß der Baugeldempfänger zugleich Baugläubiger ist.

F. Der die Verwendungspflicht feststellende Paragraph ist ebenso wie § 5 als ein den Schutz eines andern bezweckendes Gesetz (§ 823 BGB.) anzusehen. Damit sind auch zivilrechtliche Folgen gegeben, sodaß unter Umständen auch gegen den Baugeldgeber im Falle der Kollusion mit dem Baugeldempfänger Rechtswirkungen sich ergeben können[50]).

G. Die Rechtsfolgen der Pflichtverletzung in bezug auf die Verwendung. Die Zuwiderhandlung gegen die

50) So, wie ich jetzt sehe, auch Harnier, DJZ. 1909 S. 1308. Vgl. noch an Literatur die Textausgaben und Kommentare von Hagelberg, 4. Abdruck. Berlin; Freytag und Haubensack 5. und 6. Aufl. Tübingen; Simon, Stuttgart; Frank-Hecht, Mannheim, ferner Roth, Badische Landesbauordnung 2. Aufl. Karlsruhe, S. 397 bis 430 — sämtlich 1909.

Vorschrift über die Verwendungspflicht ist nur bei einem Zusammentreffen einer Reihe von Voraussetzungen strafbar.

a) Die Baugeldempfänger müssen zum Nachteil der Baugläubiger die Verwendungspflicht versäumt haben. Ist dies nicht der Fall, insbesondere der Nachteil vielleicht durch ein schnelles Einspringen von Verwandten oder Banken vermieden worden, so tritt die Bestrafung nicht ein. Es ist dagegen nicht erforderlich, daß die Benachteiligung beabsichtigt war. Unter „Nachteil" wird aber nicht jede Schädigung angesehen werden können, obwohl dies auch behauptet wird, sondern nur der unmittelbare Schaden. Deshalb lehne ich es ab, auch Verzugsschaden hierher zu rechnen. Manche nehmen dies schon heute an. Da es sich aber um eine rein obligatorische Forderung handelt, so scheint mir der durch den Verzug der Zahlung dieser Forderung entstandene nicht unmittelbarer Schaden zu sein. Man darf den Bogen nicht zu straff spannen! (Über die Zeit der Benachteiligung siehe unten c.)

b) Die Bestrafung setzt voraus, daß die Zuwiderhandlung zum Nachteil der bezeichneten Gläubiger vorsätzlich geschah, d. h. der Baugeldempfänger mußte wissen, daß er die Verwendungspflicht verletzt, er mußte das Bewußtsein gehabt haben, daß er durch seine Verwendung des Baugeldes die rechtzeitige Befriedigung unmöglich machen wird oder unmöglich machen kann. Auch Alsberg nimmt (in Seufferts Blättern für Rechtsanwendung 1909 Nr. 23) an, daß der dolus eventualis keineswegs ausgeschlossen ist durch die Vorschrift des § 5 des Gesetzes, welche Strafbestimmung der des § 240 KO. (nicht § 239, wie Verfasser meint), nämlich über einfachen Bankerott, nachgebildet ist. Denn das Gesetz rede nicht von einer absichtlichen Gläubigerbenachteiligung, sondern nur von einer vorsätzlichen. Nur wird man m. E. mit diesem Eventualdolus sehr wenig anfangen können; denn gerade die auch von dem erwähnten Schriftsteller hervorgehobenen Fälle werden recht häufig sein, in denen sich der Baugeldempfänger bei seinen ferneren Dispositionen der Hoffnung hingegeben hat, daß bis zum Eintritt der Befriedigungspflicht ihm andere Mittel zufließen würden. Die allgemeine theoretische Möglichkeit etwa, die ein unbefangener nüchterner Beurteiler der Lage rückwärts schauend annimmt, daß eine Benachteiligung der Gläubiger als Folge „anderweitiger Verwendung" eintreten könnte, und daß bei der Unsicherheit aller menschlichen Verhältnisse dies dem Baugeldempfänger auch zum Bewußtsein gekommen sein mußte, würde zum dolus eventualis nicht genügen. Man wird vielmehr, wie ich glaube, ganz konkrete Tatsachen feststellen müssen, so nicht nur die wirtschaftlichen Verhältnisse, sondern auch die seelische Verfassung des Baugeldempfängers, z. B. seine großen Erwartungen bei Gelegenheit einer ihm günstigen Hausse, einer erwarteten Erbschaft, oder umgekehrt Niedergeschlagenheit bei einer ihn treffenden Baisse, beim Verflauen des Häusermarktes, bei Streiks, Verlusten usw. Ferner wird die Konjunktur zur Zeit der Disposition und zur Zeit kurz vor dem Eintritt der Verwendungspflicht nicht unberücksichtigt bleiben können.

Aber nicht nur der dolus eventualis, sondern auch die Frage, wann Vorsatz vorliegt, wird große Schwierigkeiten bereiten. So halte ich es im Gegensatz zu Alsberg nicht für eine vorsätzliche Benachteiligung, wenn der Baugeldempfänger mit Sicherheit darauf rechnen kann, die Bauhandwerker zwar nicht prompt, aber doch nur mit einiger Verzögerung zu befriedigen, und nach Fälligkeit der Forderung der Bauhandwerker unerwartet seine Zahlungen einstellen muß. Der Zusammenhang mit der Frage des Verzugsnachteiles, von der ich schon (oben zu a) gesprochen habe, mag dahingestellt bleiben. Jedenfalls würde die der meinen entgegengesetzte Auffassung zu einer Strenge führen, die den Lebensverhältnissen ganz und gar nicht entspricht. Denn gerade auf dem Gebiete des Bauhandwerks kommen langfristige Lieferungsverträge sehr häufig vor, gerade hier ziehen sich Hausverkaufsabschlüsse, notarielle Feststellung und grundbuchliche Auflassung recht lange hin. Auf eine Verspätung ihrer Befriedigung um Tage und selbst einige Wochen sind die Baugläubiger auch soliden Bauunternehmern gegenüber meist durchaus eingerichtet. Solche Dinge lassen sich nicht durch Gesetze ändern, besonders dann nicht, wenn es sich um große Wertobjekte handelt. Wenn z. B. der Bauunternehmer Baugeld auf das im Bau befindliche Haus A erhalten hat, anderseits aber das Haus B verkauft hat und das Kaufgeld mit aller in menschlichen Verhältnissen denkbaren Wahrscheinlichkeit kurz vor Eintritt seiner Verwendungspflicht zu erwarten hat, so wird man ihm nicht unterschieben können, er habe gewußt oder wissen können, daß die Baugläubiger nicht werden befriedigt werden können. Er hatte den guten Glauben an die Erfüllung seiner Verwendungspflicht infolge Einganges des Kaufpreises, und damit fällt die vorsätzliche Benachteiligung der Baugläubiger fort.

Hier taucht die Frage auf: Wollte das Gesetz, daß das Baugeld so, wie es empfangen wurde, in der vorgeschriebenen Weise verwendet werde, oder genügt es, daß der Baugeldempfänger zwar nicht mehr über diese konkreten Baugelder, wohl aber über entsprechende andere Mittel verfügen kann? Genügt das letztere, so wird man meine eben ausgesprochene Auffassung von dem Mangel einer vorsätzlichen Benachteiligung im Falle guten Glaubens auf Eingang anderweitiger Gelder als der Baugelder bekräftigt finden. Jene Frage ist praktisch nach mehreren Richtungen hin bedeutsam. Der § 5 Satz 2 sieht mildernde Umstände vor, und die Reichstagskommission hat erklärt, daß diese vor allem in dem etwaigen guten Glauben des Baugeldempfängers zu finden wären, daß er noch andere Mittel zur alsbaldigen Befriedigung der Baugläubiger besitze. Das ist ein kräftiges Argument für meine Ansicht. All dies ist nun richtig unter der Voraussetzung, daß das Baugeld nicht in seiner individuellen Bestimmtheit, sondern nur als eine entsprechende Bauforderung in Frage kommt. Dies ist aber der Fall. Der Baugeldempfänger braucht also nicht die erhaltenen Geldstücke als solche aufzubewahren oder irgendwo zinsbar anzulegen, selbst wenn er Geld in bar erhalten hat; denn „niemand wird vernünftigerweise von dem Baugeldempfänger verlangen können, daß er die Geldstücke, die er ausgezahlt erhält, gesondert in seinem Tresor verwahrt und von dieser gesonderten Summe Zahlungen leistet, je nachdem wie die Arbeiten der Bauhandwerker fertiggestellt werden. Eine solche Behandlung des Baugeldes wäre unwirtschaftlich im höchsten Grade". Auch darauf ist schon aufmerksam gemacht worden, daß der Baugeldempfänger das Geld häufig in der Weise erhält, daß es ihm von dem Baugeldgeber durch die Bank auf sein, des Baugeldempfängers Konto überwiesen wird. Hier wäre es ganz unmöglich, genau „dieselben" Geldstücke zur Herstellung des Baues zu verwenden, da ja Geldstücke gar nicht in seinen Besitz gekommen sind. Auf diese Weise wandelt sich der Sinn der Verwendungspflicht dahin um, daß der Baugeldempfänger seine Dispositionen **in seinem ganzen wirtschaftlichen Betriebe** so einrichten muß, daß er zur Zeit der Fälligkeit der Bauforderung mit Sicherheit über einen solchen Betrag verfügen kann, der demjenigen entspricht, den er „empfangen" hat.

c) Zur Strafbarkeit ist aber noch erforderlich, daß die Baugeldempfänger ihre Zahlungen eingestellt haben, d. h. daß sie ihre nicht bloß vorübergehende Unfähigkeit, ihren fälligen Geldverbindlichkeiten nachzukommen, erklärt haben (es kann sich dies auch durch konkludente Handlungen offenbaren), oder daß über das Vermögen der Baugeldempfänger das Konkursverfahren eröffnet worden ist. Die Benachteiligung der Bauläubiger muß zur Zeit der Zahlungseinstellung oder der Konkurseröffnung erfolgt sein. Es ist gefragt worden, ob eine solche Benachteiligung nicht vorliegt, wenn den Baugläubigern eine dingliche Sicherheit gestellt ist, durch die sie für ihre Forderung voll befriedigt werden. Alsberg a. a. O. hat keinen Zweifel, daß man die aufgeworfene Frage verneinen müsse. Denn die Bejahung dieser Frage würde dazu führen, daß Platz für die Anwendung der Strafvorschrift des § 5 nur da wäre, wo nicht durch landesherrliche Verordnung die Vorschriften des Abschnittes 2 des Gesetzes über die dingliche Sicherung der Bauforderungen in Karft gesetzt sind. Das würde zu dem weiteren Schlusse führen, daß da, wo eine dingliche Sicherung der Bauforderungen eingeführt ist, die Innehaltung der Vorschrift des § 1 über die Verwendung der Baugelder durch keine Strafvorschrift geschützt werde. Meines Erachtens muß man zu einer Bejahung kommen; denn die Frage der rechtzeitigen Befriedigung der Baugläubiger ist nur mit einem Körnchen Salze zu verstehen (s. oben zu a), und des weiteren ist auch der Gesichtspunkt nicht durchschlagend, daß Sicherung allgemein im Rechtsleben nicht gleich Befriedigung sei. Denn das Gesetz will nicht in erster Linie eine Befriedigung, sondern zunächst nur eine Sicherung der Bauforderungen bewirken. Es ist kein Zwangsvollstreckungs- sondern ein Schutzgesetz.

d) Beachtet werden muß aber auch, ob die Voraussetzungen für die Ausnahmen von der Verwendungspflicht (oben D und E) gegeben waren. Da der

Baugeldempfänger das Baugeld in Höhe des angemessenen Wertes für sich behalten darf, wird auch die Prüfung der Angemessenheit eine Rolle zu spielen haben.

e) Die Strafe ist verhältnismäßig hoch bemessen: Gefängnis nicht unter einem Monat, bei mildernden Umständen kann die Strafe bis auf einen Tag Gefängnis ermäßigt oder auf Geldstrafe bis zu 3000 Mk. erkannt werden.

2. Die Buchführungspflicht.

A. Der Personenkreis, auf den die Buchführungspflicht Anwendung findet, ist weiter, als der der Baugeldempfänger. Sie ist auferlegt worden Personen, die die Herstellung eines Neubaues übernehmen und wenn sie entweder a) Baugewerbetreibende sind, oder b) sich für den Neubau Geld gewähren lassen. Daraus folgt, daß die Baugewerbetreibenden das Baubuch führen müssen, ob sie Baugeld empfangen haben, oder nicht, dagegen die Baugeldempfänger nur im ersten Falle, weil sie eben sonst nicht Baugeldempfänger sind. Beide Kategorien, a und b, haben die Baubuchführungspflicht für Neubauten, die Baugeldempfänger, auch wenn sie nicht Baugewerbetreibende sind, darüber hinaus auch bei Umbauten, denn auf diese finden die das Baubuch regelnden Vorschriften nur Anwendung, „wenn für den Umbau Baugeld gewährt wird“ (§ 3 des Gesetzes)[51]).

B. Was ist ein Neubau? Im Sinne dieses Gesetzes die Errichtung eines Gebäudes auf einer unbebauten Stelle oder einer Baustelle, die nur Bauwerke untergeordneter Art besitzt, also z. B. Schuppen, Holzställe, Verschläge usw., so daß von einem Gebäudegrundstück im Sinne des praktischen Lebens nicht die Rede sein kann, oder wenn die Baustelle mit solchen Bauwerken besetzt ist, die zum Zwecke der Errichtung des Gebäudes abgebrochen werden sollen. Man kann also Neubau definieren als die Aufführung eines Bauwerkes an einer Stelle, die noch gänzlich unbebaut oder nur in geringfügigem Maße bebaut ist und ferner eines Ersatz- oder Abrißbaues, endlich den Wiederaufbau eines zerstörten Gebäudes. Die Regierungsvorlage wollte den Wiederaufbau nur dann als Neubau betrachten, wenn das Grundstück drei Jahre lang unbebaut war. Der Reichstag hat diese Beschränkung abgelehnt. Weder An- oder Vergrößerungsbauten, noch Errichtung eines Nebengebäudes auf einem schon bebauten Grundstücke ist daher als Neubau im Sinne dieses Gesetzes anzusehen, auch nicht der Reparaturbau. Errichtung eines Hinterhauses ist m. E. Neubau, wenn für dieses eine besondere Baustelle genommen wurde, nicht aber, wenn es sich um solche freigebliebene Plätze eines bebauten Grundstückes handelt, welche für die Benutzung dieses bebauten Grundstückes bestimmt waren.

C. Inhalt und Einrichtung des Baubuches ist nicht erschöpfend vorgeschrieben. Wohl aber ist ein Minimum der Pflichten ausdrücklich hervorgehoben:

---

51) Siehe Verhandlungen des Reichstages 1909 S. 8241.

a) Über jeden Neubau ist gesondert Buch zu führen.

b) Aus dem Baubuche müssen sich ergeben:

1. Die Personen, mit denen ein Werk-, Dienst- oder Lieferungsvertrag abgeschlossen ist, die Art der diesen Personen übertragenen Arbeiten und die vereinbarte Vergütung. Bezüglich der Art der Arbeiten wird m. E. festgestellt werden müssen, ob und in welcher Weise etwa Akkordverträge geschlossen worden sind, wieweit Tarifbestimmungen Anwendung finden; ferner hinsichtlich der Vergütungen, ob sie in barem Gelde oder mit Rücksicht auf das Truckverbot und die geringen Ausnahmen von der Barzahlung des Lohnes (§§ 115, 116, 117 Abs. 2, 118, 119 GewO.) in der einen oder in der andern Weise vorgenommen worden sind.

2. Es müssen sich aus dem Baubuche ergeben die auf jede Forderung geleisteten Zahlungen und die Zeit dieser Zahlungen;

3. die Höhe der zur Bestreitung der Baukosten zugesicherten Mittel und die Person des Geldgebers, sowie Zweckbestimmung und Höhe derjenigen Beträge, die gegen Sicherstellung durch das zu bebauende Grundstück, jedoch nicht zur Bestreitung der Baukosten gewährt werden. Unter Sicherstellung ist hier zu verstehen diejenige durch Hypothek oder Grundschuld oder durch Übertragung des Eigentums an dem Grundstück erst nach gänzlicher oder teilweiser Herstellung des Baues.

4. Das Baubuch muß auch die einzelnen in Anrechnung auf die unter Ziff. 3 soeben genannten Mittel an den Buchführungspflichtigen oder für seine Rechnung geleisteten Zahlungen und die Zeit dieser Zahlungen ergeben.

5. Abtretungen, Pfändungen und sonstige Verfügung über diese Mittel; ob und inwieweit Abtretungen und Pfändungen von Baugeldforderungen zulässig sind, sollte dadurch nicht entschieden werden (KommBer. S. 30). Endlich:

6. Die Beträge, die der Buchführungspflichtige für eigene Leistungen in den Bau aus diesen Mitteln entnommen hat. Das Buch ist endlich bis zum Ablaufe von fünf Jahren, von der Beendigung des letzt eingetragenen Baues an gerechnet, aufzubewahren. Auch Kaufleute brauchen die Baubücher nur fünf Jahre lang aufzubewahren, während sie bezüglich der Handelsbücher hierzu nach § 44 HGB. zehn Jahre lang verpflichtet sind.

D. Verletzung der Buchführungspflicht (§ 6) kann sich in verschiedenen Formen äußern.

1. Die Führung des Baubuches kann unterlassen worden sein, also wenn jede Eintragung fehlt, nicht dann, wenn nur einzelne Eintragungen unterblieben sind.

2. Das Baubuch ist verheimlicht worden, d. h. es ist der Wahrnehmung derjenigen, die einen Anspruch auf Einsichtnahme haben, entzogen worden, sei es durch Ableugnen seines tatsächlichen Vorhandenseins, sei es durch besondere Handlungen, die bestimmt und geeignet sind, es den Blicken der Nachfragenden zu entziehen.

3. Das Buch wird vernichtet; dies kann nicht nur bei Zerstörung des Stoffes, aus dem das Baubuch besteht, gegeben sein, sondern auch dann, wenn sein Inhalt unkenntlich, unleserlich gemacht wird. Ob das Zurückbehalten von Abschriften straflos macht? Die Entscheidung des Reichsgerichts in Strafsachen Bd. 16 S. 426 verneint diese Frage. Doch ist diese Entscheidung keineswegs für das Bauglänbigerschutzgesetz, auch nicht hinsichtlich seiner Autorität, zwingend. Ich meine, daß es auf den Tatbestand ankommt; wenn die Absicht der Vernichtung nicht vorlag, z. B. ein Nebenbuch geführt wurde, und dieses wahrheitsgetreue Abschriften des ersteren enthielt, und später die Vernichtung nur stattfand, weil das erste Buch als überflüssig angesehen wurde, so wird man mit dieser „Abschrift" zufrieden sein können. Sind mehrere Baubücher notwendig geworden, und eines ist vernichtet, so könnte hier die Möglichkeit bestehen, nicht an Vernichtung, sondern an unordentliche Buchführung (vgl. zu 4) zu denken.

4. Das Baubuch ist so unordentlich geführt, daß es keine genügende Übersicht ergibt, es ist — für den Sachverständigen, nicht etwa auch für jeden Bauarbeiter — nicht bloß schwierig, sondern unmöglich, eine Übersicht aus dem Baubuche zu gewinnen. Einen Spezialfehler dieser Unübersichtlichkeit hebt das Gesetz noch hervor: den, der sich über die Verwendung der zur Bestreitung der Baukosten zugesicherten Mittel verhält.

Die Strafbarkeit tritt nur beim Vorliegen einer der vier Fälle ein:

a) wenn die zur Buchführung verpflichteten Personen ihre Zahlungen eingestellt haben, oder über deren Vermögen das Konkursverfahren eröffnet worden ist, und

b) die Personen, mit denen ein Werk-, Dienst- oder Lieferungsvertrag geschlossen worden ist, benachteiligt worden sind, und daß dies geschehen ist

c) zur Zeit der Zahlungseinstellung oder der Konkurseröffnung, so daß die Strafbarkeit nicht ausgeschlossen wird durch nachträgliche Deckung des Schadens.

E. Als Strafe ist festgesetzt Gefängnis bis zu einem Jahre oder Geldstrafe bis zu 3000 Mk.

3. Die Anschlagspflicht.

a) Sie trifft den Bauleiter oder eine Firma bei Neubauten. Unter Bauleiter ist zu verstehen derjenige, der den Bau leitet, d. h. die maßgebenden Anordnungen für die Errichtung des Baues als ganzes zu geben hat, mag er auch Zwischenorgane benutzen oder einzelne Arbeiten, wie z. B. Maurerarbeiten, in Akkord geben. Die Anordnung nebensächlicher Arbeiten begründet nicht die Eigenschaft eines Bauleiters, ebensowenig wie eine Ausarbeitung des Planes (Reichsgericht in Goltd. Arch. Bd. 30 S. 439, Bd. 39 S. 323, Bd. 50 S. 390). Den Gegensatz zum Bauleiter bildet hier der den Bau Ausführende, wie er in § 330 StGB. neben dem Bauleiter in Frage kommt.

b) Der Inhalt der Anschlagpflicht besteht darin, an leicht sichtbarer Stelle einen Anschlag anzubringen, welcher den Stand, den Familiennamen und wenigstens einen ausgeschriebenen Vornamen, sowie den Wohnort des Eigentümers und, falls dieser die Herstellung des Gebäudes oder eines einzelnen Teiles des Gebäudes einem Unternehmer übertragen hat, des Unternehmers in deutlich lesbarer und unverwischbarer Schrift enthalten muß.

c) Wird der Bau von einer Firma als Eigentümer oder Unternehmer ausgeführt, so ist diese und deren Niederlassungsort anzugeben.

d) die Verletzung dieser Pflicht wird mit einer Geldstrafe bis zu 150 Mk. im Unvermögensfalle mit Haft bis zu 4 Wochen geahndet (§§ 4 und 7).

Betrachtet man nun diese allgemeinen Sicherungsmaßregeln auf ihre praktische Verwertbarkeit, so sehen wir zunächst, daß Kautelen aller Art für den Fall der Bestrafung, besonders im Falle der Verletzung der Verwendungspflicht gegeben sind. Wie man auch anerkennen mag, daß eine vorsorgliche Aufzählung von Voraussetzungen notwendig ist, um nicht ungerechter Weise Strafen zu verhängen, so sind doch in dem Gesetze, wie wir gesehen haben, die Bedingungen einer Bestrafung so sehr gehäuft, daß man kaum wird glauben können, daß die Anwendung der Vorschriften allzu oft geschehen und noch seltener zu einer Verurteilung führen werde. Sehr häufig wird man Fahrlässigkeit, Leichtsinn, unbegründeten Optimismus, moralische Minderwertigkeit, sehr selten aber die hinsichtlich der Bestrafung oder Verletzung der Verwendungspflicht notwendige Absicht nachweisen können. Hinzu kommen aber noch folgende Bedenken. Wie wir gesehen haben, ist der Bauende berechtigt, Baugeld zurückzubehalten, wenn er, ohne das Baugeld in Anspruch zu nehmen, Bauschulden getilgt hat, und zwar dies ohne Rücksicht darauf, ob das Baugeld oder seine Mittel für die übrigen Baugläubiger ausreichen oder nicht[52]). Es ist fernerhin durch nichts verbürgt, daß der Bauunternehmer auch die finanziellen Voraussetzungen für die Durchführung des Baues besitzt. Wenn also selbst hinsichtlich des ihm gewährten Baugeldes ein Schutz der Baugläubiger gegeben wäre, so ist seine sonstige materielle Insuffizienz eine weitere Gefahr für die Baugläubiger. Endlich wird von verschiedenen Seiten Gewicht darauf gelegt, daß der Bauunternehmer nur insoweit zu Gunsten der Baugläubiger gebunden ist, als er Baugeld empfängt. Anders steht es aber in den Fällen, in denen der Baugeldempfänger gar nicht in die Lage kommt, über das Baugeld zu verfügen. Der Inhalt des Baugeldvertrages untersteht nicht dem Einflusse der Baugläubiger, und sie müssen sich alle seine Bestimmungen gefallen lassen, insbesondere, daß der Baugeldgeber sich vertragsmäßig vorbehält: den Vorwegabzug von Zinsen, Provisionen, die Kündigung des Vertrages und Rückforderung des Gezahlten unter gewissen Voraussetzungen, endlich Zahlungen à conto der darzuleihenden Summe nach Ermessen des Geldgebers auch an Nicht-Baugläubiger; an ihnen kann der Geldgeber selbst interessiert sein, denn ohne solche wird der Baugeldempfänger nicht Eigentümer, kommt das Baugrundstück zur Versteigerung usw.[53]). Es sind auch die Fälle bereits hervorgehoben worden, in denen

52) Glaser, DJZ. 1909 S. 1363.

53) So in trefflicher Zusammenfassung Glaser a. a. O.

durch Vertrag dem Baugeldgeber das Recht eingeräumt wird, Teile des Baugeldes nach eigenem Ermessen für Rechnung des Baugeldempfängers direkt an den Gläubiger auszuzahlen[54]). In der Tat wird sich gegen derartige Verabredungen nur dann etwas ausrichten lassen, wenn auch die Vorschriften über die dingliche Sicherung in Kraft treten. Auch wird in jedem einzelnen Falle noch beachtet werden müssen, ob nicht Kollusion in dem schon gedachten Sinne des § 823 BGB. vorliegt.

IV.

Fortsetzung: Die dingliche Sicherung der Bauforderungen. — Bauvermerk, Bauhypothek, Baugeldhypothek.

Der zweite Abschnitt des Gesetzes enthält die auf einen Neubau sich beziehenden Vorschriften über „dingliche Sicherung der Bauforderungen". Sie sind, wie schon erwähnt, noch nicht in Geltung, können durch landesherrliche Verordnung in bestimmten Gemeinden eingeführt werden, nach obligatorischer Anhörung der Gemeinde, der amtlichen Handelsvertretung, der Handelskammer des Bezirkes und der „gesetzlichen Arbeitervertretung". Diese letztere ist ein Wechsel auf die Zukunft und ist in der Erwartung auf Einführung des Arbeitskammergesetzes eingefügt worden. Der Abg. Dr. Frank führte im Reichstage aus, es werde Sache der Ausführungsbestimmungen sein, festzusetzen, daß, solange das Arbeitskammergesetz nicht zur Einführung gelangt sei, andere gesetzliche Vertretungen der Arbeiter gutachtlich zu hören sind, wie das schon jetzt geschehe; insbesondere denke er an die Gewerbegerichtsbeisitzer, die ja als Gutachter über Arbeiterfragen gehört würden. Es werde möglich sein, event. auch die Arbeiterbeisitzer der Invalidenversicherungsanstalten zu hören[55]). Es kann aber die Einführung des ganzen zweiten Abschnittes wieder auf demselben Wege landesherrlicher Verordnung nach Anhörung derselben Personen zurückgenommen werden (§§ 9 Abs. 1, 65 Abs. 1 des Ges.[56]). Eine solche Regelung ist gänzlich ohne Vorbild. Man wird abzuwarten haben, ob dieser offenbar auf Experimente gerichtete Charakter des Gesetzes den Verhältnissen entspricht, ob sich hierdurch ein Anschmiegen an die Bedürfnisse des Lebens in der erwarteten Weise ermöglichen läßt, oder

54) Hagelberg, DJZ. 1909 S. 1199.

55) Verhandlungen des Reichstages vom 28. April 1909 S. 8252.

56) Für den Wiederaufbau ist eine interessante Ausnahme getroffen. Die Landeszentralbehörde kann bestimmen, daß und unter welchen Bedingungen die Vorschriften dieses zweiten Abschnittes auf einen Neubau keine Anwendung finden, wenn er an Stelle eines zerstörten oder gegen die Zerstörung versicherten Gebäudes errichtet wird, und der Versicherer nach den Versicherungsbedingungen nur verpflichtet ist, die Entschädigungssumme zur Wiederherstellung des versicherten Gebäudes zu zahlen (§ 10).

ob nicht vielmehr dieser fakultative und jederzeit der Aufhebung ausgesetzte Gesetzesteil zu dem bedenklichen Ergebnisse führt, daß er gerade von denen, die er treffen soll, den Bauschwindlern, nicht mit der ganzen Wucht eines staatlichen Schutz- und Abwehrmittels empfunden wird. Auch ist zu befürchten, daß die Buntheit der Rechtsverhältnisse, die sich aus der jeweils nur örtlichen Durchführung des Gesetzes ergibt, zu schädlichen Folgen, z. B. geschickt verschleiertem Wohnungswechsel gewisser Bauunternehmer, führen wird. Im allgemeinen wird in der bisherigen Literatur, soweit die Durchführung des zweiten Abschnitts empfohlen wird, mehr Gewicht gelegt darauf, daß die Erschwerungen, welche dem Eigentümer eines zu bebauenden Grundstückes durch das Gesetz auferlegt werden, nur mit Vorsicht zu handhaben seien, und daß man deshalb nur beim Zutagetreten von Mißständen die Einführung verwirklichen soll. Ich habe weniger das Bedenken, daß zugleich der reelle Unternehmer getroffen wird, und daß die Bautätigkeit über das Maß eingeschränkt würde, wenn dort, wo überhaupt eine Neigung zu Bauschwindel vorhanden ist, die Einführung der dinglichen Sicherungsmaßregeln erfolgt. Der Übergang der Bautätigkeit in die Hände großer kapitalkräftiger Baugeschäfte kann bei der Konzentration unseres Geld-, Bank- und Handelswesens ohnedies nur eine Frage der Zeit sein; daß diese großen Baugeschäfte den Bauhandwerkern nur in geringem Umfange Beschäftigung geben würden, wie Kretzschmar, Seufferts Blätter für Rechtsanwendung 1909 Nr. 20 S. 623, vermutet, kann ich nicht annehmen, da sich ja gerade die Bauarbeiten niemals von der Person des Handwerkers werden loslösen können, sodaß hier eine Entwickelung, wie sie hinsichtlich der Herstellung und des Verkaufs von Massenprodukten (Warenhäuser usw.) in die Erscheinung tritt, nicht zu befürchten steht.

Dort, wo der zweite Abschnitt eingeführt wird, müssen Bauschöffenämter geschaffen werden.

1. Das Gesetz hat den Normalfall in folgender Weise geregelt:

A. Die Errichtung. Diese geschieht (§§ 9 Abs. 2, 50—78 d. G.)

a) durch Ortsstatut der Gemeinde, vor dessen Abfassung die Handwerkskammer des Bezirkes zu hören ist. Für maßgebend ist vom Gesetz der § 124 GewO. erklärt worden[57]). Diese Verweisung war nicht sehr glücklich. Denn § 59 des Baugläubigerschutzgesetzes schreibt vor, daß die Zentralbehörden der Bundesstaaten bestimmen, von welchen Organen der Gemeinde

57) „Statutarische Bestimmungen einer Gemeinde oder eines weiteren Kommunalverbandes können die ihnen durch das Gesetz überwiesenen gewerblichen Gegenstände mit verbindlicher Kraft ordnen. Dieselben werden nach Anhörung beteiligter Gewerbetreibender und Arbeiter abgefaßt, bedürfen der Genehmigung der höheren Verwaltungsbehörde und sind in der für Bekanntmachungen der Gemeinde oder des weiteren Kommunalverbandes vorgeschriebenen oder üblichen Form zu veröffentlichen (Abs. 1). Die Zentralbehörde ist befugt, statutarische Bestimmungen, welche mit den Gesetzen oder den statutarischen Bestimmungen des weiteren Kommunalverbandes in Widerspruch stehen, außer Kraft zu setzen (Abs. 2)“.

die Statuten über Errichtung von Bauschöffenämtern zu beschließen und von welchen Staats- oder Gemeindeorganen die übrigen in diesem Gesetze den Staats- oder Gemeindebehörden, sowie den Vertretungen der Gemeinden zugewiesenen Verrichtungen wahrzunehmen sind. Mit den von der höheren Verwaltungsbehörde wahrzunehmenden Geschäften dürfen jedoch nur diejenigen höheren Verwaltungsbehörden betraut werden, welche nach Landesrecht die Aufsicht oder Oberaufsicht in Gemeindeangelegenheiten wahrzunehmen haben. Während in § 142 GewO. das statutarische Recht einer Gemeinde oder eines weiteren Kommunalverbandes festgelegt ist, wird in § 59 Baugläubigerschutzgesetzes ein entsprechendes Recht der Statutenerrichtung über Bauschöffenämter nur gewissen Organen der Gemeinde beigelegt. Während nach § 142 Gewerbetreibende und Arbeiter angehört werden sollen, ist in § 50 nur die Anhörung der Handwerkskammer vorgesehen. Daß die Genehmigung der höheren Verwaltungsbehörde notwendig ist, ist auch schon in § 50 Abs. 2 ausgesprochen. Welcher Mangel an Sorgfalt in der Gesetzgebungsarbeit!

Mehrere Gemeinden können sich durch übereinstimmende Ortsstatute zur Errichtung eines gemeinsamen Bauschöffenamtes für ihre Bezirke vereinigen. Für die Genehmigung der gemeinsamen Ortsstatute ist die höhere Verwaltungsbehörde zuständig, in deren Bezirke das Bauschöffenamt seinen Sitz haben soll (§ 50 Abs. 2 d. G.).

b) Das Bauschöffenamt kann aber auch durch Anordnung der Landeszentralbehörde errichtet werden. Dies dann, wenn, ungeachtet einer von ihr an die Gemeinde ergangenen Aufforderung, innerhalb der gesetzten Frist die Errichtung auf dem eben bezeichneten Wege nicht erfolgt ist. Alle Bestimmungen, welche das Gesetz dem Statute vorbehält, erfolgen in diesem Falle durch die Anordnung der Landeszentralbehörde (§ 50 Abs. 2).

B. Zusammensetzung des Bauschöffenamtes. Es besteht aus einem Vorsitzenden und mindestens einem Stellvertreter, sowie der erforderlichen Zahl von Bauschöffen. Die Zahl der letzteren soll mindestens vier betragen. Sind Schöffenämter in mehrere Abteilungen geteilt, so gilt jede Abteilung als Bauschöffenamt im Sinne des Gesetzes. Es können dann mehrere Vorsitzende bestellt werden. Als Bauschöffe soll nur berufen werden, wer zum Amte eines Schöffen fähig ist, das 30. Jahr vollendet hat und in dem Bezirk des Amtes während mindestens drei Jahren gewohnt hat oder beschäftigt gewesen ist. Mindestens die Hälfte der Bauschöffen, zu denen auch Bauarbeiter berufen werden können[58]), soll aus Bausachverständigen bestehen. Die Mitglieder des Bauschöffenamtes, einschließlich des Vorsitzenden und Stellvertreters, werden durch den Magistrat oder, wo ein solcher nicht vorhanden ist, oder das Statut dies bestimmt, durch die Gemeindevertretung auf mindestens 3 Jahre nach Anhörung der Handwerkskammer des Bezirkes gewählt. Sind Wahlen innerhalb der durch das Ortsstatut zu bestimmenden Frist nicht zustande gekommen, so ist die höhere

58) KommBer. S. 47.

Verwaltungsbehörde befugt, die Mitglieder des Amtes selbst zu ernennen. Die Ablehnung des Amtes als Bauschöffe, welches ein Ehrenamt ist, kann nur erfolgen aus den Gründen, welche landesrechtlich zur Ablehnung eines unbesoldeten Gemeindeamtes berechtigen. In Ermangelung entsprechender landesgesetzlicher Bestimmungen darf die Übernahme nur aus denselben Gründen verweigert werden, aus welchen das Amt eines Vormundes abgelehnt werden kann. Wer das Amt eines Bauschöffen 6 Jahre versehen hat, kann während der nächsten 6 Jahre die Übernahme des Amtes ablehnen. Über den Ablehnungsantrag entscheidet Magistrat oder Gemeindevertretung. Gehalt steht den Bauschöffen nicht zu, wohl aber eine Entschädigung für Zeitversäumnis und Vergütung der Reisekosten, die durch das Statut festzusetzen sind. Um Unterschiede zu vermeiden, ist die Zurückweisung der Entschädigung für unstatthaft erklärt. Vor ihrem Amtsantritt sind der Vorsitzende des Bauschöffenamtes und dessen Stellvertreter durch den von der höheren Verwaltungsbehörde beauftragten Beamten, die Bauschöffen vor der ersten Dienstleistung durch den Vorsitzenden auf die Erfüllung der Obliegenheiten des ihnen übertragenen Amtes eidlich zu verpflichten. Auch Disziplinarvorschriften sind vorgesehen. Auf die Vorsitzenden des Bauschöffenamtes und deren Stellvertreter finden die für Gemeindebeamte geltenden Diziplinarvorschriften Anwendung. Es ist dies natürlich landesrechtlich geregelt. Landesgesetze bestimmen aber auch weiter, inwieweit, d. h. auch ob gleichartige Vorschriften auf die Bauschöffen Anwendung finden. Unbeschadet dieser landesgesetzlichen Vorschriften ist eine Entfernung eines Bauschöffen von seinem Amte zulässig,

a) wenn hinsichtlich seiner Umstände eintreten oder bekannt werden, welche seine Wählbarkeit nach Maßgabe dieses Gesetzes ausschließen;

b) wenn der Bauschöffe sich einer groben Verletzung seiner Amtspflichten schuldig gemacht hat.

In dem Falle zu a) erfolgt die Enthebung vom Amte durch die höhere Verwaltungsbehörde nach Anhörung des Beteiligten; im Falle b) erfolgt die Amtsentsetzung durch das Landgericht, in dessen Bezirke das Bauschöffenamt seinen Sitz hat. Hinsichtlich des Verfahrens und der Rechtsmittel finden die Vorschriften entsprechende Anwendung, welche für die zur Zuständigkeit des Landgerichts gehörigen Strafsachen gelten[59]). Die Klage wird von der Staatsanwaltschaft auf Antrag der höheren Verwaltungsbehörde erhoben (§§ 51—56 d. G.).

C. Geschäftsgang und Gebühren. Die Vorschriften über die Beschlußfähigkeit und den Geschäftsgang des Bauschöffenamtes sind im Ortsstatut zu treffen. Es kann also auch, soweit nicht das Gesetz etwas anderes vorschreibt, schriftliches Verfahren oder eine Verbindung dieses mit einem mündlichen stattfinden. Ebenso kann das Statut bestimmen, daß

59) §§ 151 ff., 156 ff., 176 ff., 196 ff., 212 ff., 225 ff. StPO.; wegen der Rechtsmittel siehe §§ 338 ff., StPO.

für gewisse Fälle, insbesondere bei Einwendungen gegen die Feststellung des Baustellenwertes und die Höhe der Baukosten eine größere Zahl von Mitgliedern zuzuziehen ist. — Zur Deckung der Kosten des Bauschöffenamtes sind statutarisch hinsichtlich ihrer Höhe festzusetzende Gebühren, welche dem Eigentümer zur Last fallen, zu entrichten. Sie bilden Einnahmen des Bauschöffenamtes und sollen nicht höher bemessen werden, als es zur Deckung der Kosten der Einrichtung und zur Unterhaltung des Bauschöffenamtes nötig ist. Soweit diese Kosten in den Einnahmen des Bauschöffenamtes ihre Deckung nicht finden, sind sie von der Gemeinde zu tragen. Wird das Bauschöffenamt nicht ausschließlich für eine Gemeinde errichtet, so ist in dem Statut zu bestimmen, zu welchen Anteilen die einzelnen Gemeinden an der Deckung der Kosten teilnehmen (§§ 57 ff. BaugläubigerSchG.).

D. Die Aufgaben des Bauschöffenamtes sind verschieden; die wichtigsten seien hervorgehoben:

a) Feststellung der voraussichtlichen Höhe der Baukaution (§ 12 Abs. 1 d. G.)[60];
b) Erhöhung der Differenzkaution (§ 13 Abs. 2 d. G.)[60];
c) Feststellung des Baustellenwertes (§ 15 d. G.)[60];
d) Entgegennahme der Anmeldungen von Bauforderungen (§ 25 d. G.)[60];
e) Betätigung als Einigungsbehörde (§ 26 d. G.)[60];
f) Mitwirkung bei der Bestellung der Bauhypothek und Baugeldhypothek (§ 27 d. G.)[60].

2. Gegenüber diesem Normalfall sind Abweichungen vorgesehen. Durch landesherrliche Verordnung können die Bauschöffenämter in jedem Bundesstaate verschieden eingerichtet und mit verschiedenen Funktionen ausgestattet werden.

Die dinglichen Sicherungsmittel des Baugläubigerschutzes sind:

I. Der Bauvermerk. Er lautet dahin, daß das Grundstück bebaut werden soll.

1. Entstehung. Er muß eingetragen werden, und zwar von Amts wegen auf Ersuchen der Baupolizeibehörde beim Grundbuchamte (also ohne Antrag des Baugläubigers) vor Beginn des Baues auf dem Grundbuchblatte der Baustelle. Bildet diese nur einen Teil des Grundstückes, so ist sie von dem Grundstücke abzuschreiben und als selbständiges Grundstück einzutragen[61].

2. Der Zweck des Bauvermerks läßt sich mit dem einer Vormerkung vergleichen. Es soll der Bauhypothek, die etwa später zur Sicherung nicht bezahlter Bauforderungen eingetragen wird, ein bestimmter Rang gewährt werden. Hauptsächlich soll der Vorrang vor den nach Beginn des Baues eingetragenen Rechten, namentlich der Baugelderhypothek (§§ 33 ff.

60) Siehe unten S. 50—58.
61) § 11 Abs. 1 d. G., § 6 der GrundbuchO. vom 24. März 1897.

d. G.) gesichert werden. Immerhin besteht zwischen dem Bauvermerk und andern Vormerkungen zur Sicherung einer Hypothek der Unterschied, daß ein Höchstbetrag dort nicht eingetragen wird, und daß der Kreis der Berechtigten unbestimmt ist (Begründung d. G. S. 29).

3. Die Wirkung des Bauvermerks ist die einer Vormerkung: Mit seiner Eintragung erwerben die Baugläubiger den Anspruch auf Eintragung einer Hypothek für ihre Bauforderungen (Bauhypothek). „Der Bauvermerk hat die Wirkung einer Vormerkung zur Sicherung dieses Anspruchs" (§ 11 Abs. 2 am Schlusse).

4. Ausnahmen.

a) Die Eintragung eines Bauvermerks (und auch der Bauhypothek) unterbleibt, wenn Sicherheit geleistet wird (durch Hinterlegung von Geld oder mündelsicheren Wertpapieren, § 234 Abs. 1 BGB.) in Höhe des Betrages, der — nach dem Ermessen des Bauschöffenamtes — ein Drittel der voraussichtlich entstehenden Baukosten erreicht (§ 12 Abs. 1 Satz 1) (Baukaution). Nach der Regierungsvorlage war Sicherheit nur in Höhe eines Viertels der voraussichtlich entstehenden Baukosten zu leisten. Da aber das Baugeld in der Regel nur bis zu zwei Dritteln des Betrages der Baukosten gegeben wird (Begründung S. 11), entschloß sich der Reichstag, das ungedeckte letzte Drittel durch Hinterlegung zu sichern. Ist eine Baukaution geleistet, so kann jeder Beteiligte, d. h. der Eigentümer, Bauherr, Baugläubiger und Hinterleger der Sicherheit die Eröffnung eines Verteilungsverfahrens beantragen, wenn die polizeiliche Bekanntmachung der Bauabnahme erfolgt ist. Wird ein solcher Antrag nicht binnen eines Monats gestellt, so hat das Gericht die Zurückgabe der Sicherheit anzuordnen (§§ 42, 45).

Gegenüber der Bestimmung des § 234 Abs. 3 BGB., wonach mit Wertpapieren nur in Höhe von $^3/_4$ des Kurswertes Sicherheit geleistet werden kann, wird eine Erleichterung durch die Bestimmung geschaffen, daß die Sicherheit mit Wertpapieren, die von der Reichsbank in der ersten Lombardklasse (nach § 13 BankG. auf $^3/_4$ ihres Wertes) beliehen werden, bis zu $^9/_{10}$ ihres Kurswertes geleistet werden kann (§ 12 BaugläubigerSchG.). Man wollte im Interesse der Bautätigkeit die Hinterlegung begünstigen.

b) Die Eintragung eines Bauvermerks unterbleibt ferner bei Grundstücken, die dem Fiskus und solchen Grundstücken, welche einer Körperschaft, Stiftung oder Anstalt des öffentlichen Rechtes gehören, oder

c) einem dem öffentlichen Verkehre dienenden Bahnunternehmen gewidmet sind;

d) bei Grundstücken, die nach landesherrlicher Verordnung ein Grundbuchblatt nur auf Antrag erhalten;

e) bei Grundstücken eines Landesherrn und den Grundstücken, welche zum Hausgute oder Familiengut einer landesherrlichen Familie, der fürstlichen Familie Hohenzollern, der Familie des vormaligen hannoverschen Königshauses, des vormaligen kurhessischen, des vormaligen herzoglich nassauischen oder des herzoglich holstein'schen Fürstenhauses gehören. Die Eigentümer der zu b) bis e) bezeichneten Grundstücke sind demnach von Bauvermerk und Bauhypothek befreit, aber ihre Haftung ist insofern verschärft, als sie einmal in Höhe des dritten Teiles der tatsächlich aufgewendeten Baukosten einzustehen haben, nicht nur für den dritten Teil der voraussichtlich entstehenden Baukosten, sodann daß sie den Baugläubigern mit ihrem ganzen Vermögen haften, nicht nur mit dem Grundstücke, in gleicher Weise, wie wenn in Höhe dieses Betrages Sicherheit geleistet wäre. Bedeutung hat dies besonders für den Fall, daß nicht der Eigentümer, sondern ein Dritter, etwa ein Pächter, den Bau ausführt. Das Verteilungsverfahren findet hinsichtlich des nicht hinterlegten Drittels ebenso statt, als wenn die Baukaution hinterlegt wäre (§ 47 d. G.).

5. Bauvermerk und Bauerlaubnis.

A. Einen Einspruch in das landesrechtlich geregelte Polizeirecht stellt der § 13 dar, der das pflichtgemäße Ermessen der Polizeibehörden reichsgesetzlich umgrenzt. Danach darf die Bauerlaubnis in Zukunft nur erteilt werden,

a) wenn die Eintragung des Bauvermerks nicht notwendig ist (s. oben zu 4a bis e);

b) wenn der Bauvermerk eingetragen war und entweder

aa) die dem Bauvermerk vorgehenden oder ihm gleichstehenden Belastungen drei Vierteile des Baustellenwertes nicht übersteigen, oder

bb) in Höhe des Überschusses Sicherheit durch Hinterlegung von Geld oder Wertpapieren geleistet ist (sog. Differenzkaution).

Einer Erläuterung bedürfen die Ausdrücke „Belastungen" und „Baustellen". Hinsichtlich der ersteren hat das Gesetz bestimmt, daß nur in Frage kommen Hypotheken und Grundschulden mit ihrem Kapitalbetrag und zweijährige Zinsen; Rentenschulden und solche Reallasten, welche die Leistung von Geldrenten zum Gegenstande haben, mit ihrer Ablösungssumme; nicht ablösbare Geldrenten mit ihrem Werte, der nach § 9 ZPO. zu berechnen ist: „Der Wert des Rechtes auf wiederkehrende Nutzungen oder Leistungen wird nach dem Werte des einjährigen Bezuges berechnet, und zwar: auf den zwölfundeinhalbfachen Betrag, wenn der künftige Wegfall des Bezuges gewiß, die Zeit des Wegfalles aber ungewiß ist; auf den fünfundzwanzigfachen Betrag bei unbeschränkter oder bestimmter Dauer des Bezugsrechtes. Bei bestimmter Dauer des Bezugsrechtes ist der Gesamtbetrag der künftigen Bezüge maßgebend, wenn er der geringere ist"; die nach dem öffentlichen Recht auf dem Grundstück lastende Verpflichtung zur Leistung von Beiträgen für die Kosten der Herstellung einer Straße oder eines Abzugskanals; der Betrag dieser Lasten wird von der Baupolizeibehörde geschätzt, sofern er nicht bereits in einem amtlichen Verfahren festgestellt ist. Rechte, die durch Eintragung einer Vormerkung (§§ 883 ff. BGB.) oder eines Widerspruches (§§ 894, 899 BGB.) gesichert sind, stehen eingetragenen Rechten gleich[62]). Nach § 880 BGB. wird für eine Vorrangseinräumung die Einigung des zurücktretenden und des vortretenden Berechtigten verlangt. Die Personen der aus dem Bauvermerk Berechtigten stehen aber noch nicht fest. Deshalb werden die Vorschriften des § 880 Abs. 2 BGB. für die Bauforderungen hier dahin abgeändert, daß die einseitige Erklärung des zurücktretenden Berechtigten anstelle der Einigung genügt (Begründung S. 31). Diese Erklärung muß dem Grundbuchamte gegenüber ausgesprochen sein (§ 14).

Der zweite hier fragliche Ausdruck ist der des „Baustellenwertes". Ursprünglich wollte die Regierungsvorlage die Grundsätze über die Bemessung des Baustellenwertes landesherrlicher Verordnung ausschließlich vorbehalten. Nach dem Gesetze § 15 gilt jedoch als Baustellenwert der Wert der unbebauten Baustelle. Ist diese zur Zeit der Erteilung der Bauerlaubnis mit Bauwerken besetzt, welche zu dem Zwecke der Errichtung eines Gebäudes abgebrochen werden sollen, so ist der Baustellenwert in der Weise zu ermitteln, daß zunächst der nach Fertigstellung des Neubaues sich ergebende Wert des Grundstückes geschätzt wird und von diesem die Kosten des Neubaues und des Abrisses abgezogen werden (§ 15 Abs. 2 d. G.). Im übrigen werden die Grundsätze für die Bemessung des Baustellenwertes und das Feststellungsverfahren durch landesherrliche Verordnung bestimmt (Abs. 3 daselbst). „Im übrigen" heißt, daß diese Verordnung nicht im Widerspruch stehen darf mit den generellen angegebenen Vorschriften des Abs. 2. Da aber die Feststellung durch das Bauschöffenamt erfolgt (§ 15 Abs. 1), bezüglich dieses letzteren aber so weitgehende Abweichungen durch landesherrliche Verordnung gestattet sind, daß die Bauschöffenämter auch mit anderen, als den in dem BaugläubigerSchG. ausgesprochenen Funktionen versehen werden können, kann die Feststellung des Baustellenwertes dem Bauschöffenamt auch entzogen werden. Die Grundsätze des § 15 Abs. 2 dürfen aber m. E. nicht verändert werden. Ein Beispiel der Differenzkaution sei noch angefügt. Den Baustellenwert wollen wir auf 200 000 Mk. als vom Schöffenamt geschätzt annehmen. Hypotheken stehen auf der Baustelle vor dem Bauvermerk in Höhe von 190 000 Mk. Drei Viertel des Baustellenwertes sind 150 000 Mk. Eine Erteilung der Bauerlaubnis ist demnach nur gesetzlich möglich, wenn Geld oder Wertpapiere hinterlegt werden in Höhe der Differenz von 40 000 Mk. Wenn die dem Bauvermerk vorangehenden Belastungen nicht 190 000 Mk., sondern 120 000 Mk. oder weniger betragen, so ist eine Sicherheitsleistung nicht erforderlich. Ebenso ist auch eine solche nicht notwendig, wenn gleichzeitig mit dem Bauvermerk, also im Rang gleichgestellt, weitere 40 000 Mk. Hypotheken eingetragen werden. Werden dagegen 52 000 Mk. Hypotheken eingetragen, so wäre für denjenigen Betrag, der ein Viertel des Baustellenwertes, also 50 000 Mk. übersteigt, Sicherheit zu leisten, somit statt einer Differenzkaution von 40 000 Mk. eine solche von 42 000 Mk.

62) Übereinstimmend § 48 des Gesetzes über die Zwangsversteigerung für die Berechnung des geringsten Gebotes.

B. Ist die Bauerlaubnis schon erteilt und wird hiernach die polizeiliche Genehmigung solcher Änderungen des Bauplanes beantragt, welche nach dem Ermessen der Baupolizeibehörde die Baukosten nicht unwesentlich erhöhen, so bedarf es zur Erteilung der Genehmigung, wenn eine Baukaution geleistet ist, einer entsprechenden, vom Bauschöffenamt festzusetzenden Erhöhung dieser Sicherheit (§ 13). In Frage steht nur der Fall, daß zur Abwendung des Bauvermerks Sicherheit geleistet ist (§ 12).

6. Haftung der Sicherheit. Eine Baukaution und eine Differenzkaution haftet den Baugläubigern in der gleichen Weise, wie ihnen im Falle der Eintragung einer Bauhypothek kraft dieser Hypothek das Grundstück haftet. Im Falle einer Differenzkaution bemißt sich der auf die einzelnen Bauforderungen entfallende Anteil an der Sicherheit nach dem bei der Eintragung der Bauhypothek berücksichtigten Betrag auch dann, wenn die Bauforderung nach der Eintragung zum Teil getilgt worden ist[63]).

7. Beendigung des Bauvermerks. Er wird gelöscht,

a) wenn dem Grundbuchamt eine Bescheinigung der Baupolizeibehörde vorgelegt wird, daß vor dem Beginne des Baues die Bauerlaubnis erloschen, oder

b) daß nachträglich vor dem Beginne des Baues Baukaution geleistet worden ist;

c) wenn die Baupolizeibehörde das auf Eintragung des Bauvermerks gerichtete Ersuchen vor dem Beginne des Baues zurücknimmt (§§ 17, 16 Ziff. 1 d. G.);

d) wenn es überhaupt nicht zum Beginne des Baues kommt (§ 45 Abs. 2);

e) wenn nach Eintragung des Bauvermerks, aber vor Beginn des Baues Sicherheit in Höhe von einem Drittel der voraussichtlich entstehenden Baukosten geleistet wird (Motive S. 32).

8. Soll das Gebäude von einem Erbbauberechtigten (§§ 1012 f. BGB.) errichtet werden, so ist der Bauvermerk auf dem Grundbuchblatte des Erbbaurechts einzutragen (§ 7 Grundb.O.). Der Wert des Erbbaurechtes tritt an die Stelle des Baustellenwertes. Bei der Feststellung der Belastungen sind sowohl die auf dem Erbbaurecht, als auch die auf dem Grundstücke haftenden, dem Erbbaurecht vorgehenden Belastungen zu berücksichtigen. Die sich auf den Eigentümer beziehenden Vorschriften dieses Gesetzes finden auf den Erbbauberechtigten Anwendung. Diese Vorschrift (§ 61) ist zu dem Zwecke aufgenommen, um Umgehungen des Gesetzes durch Bestellung des Erbbaurechtes zu verhindern (Begr. S. 48).

63) Die Anmeldung für das Verteilungsverfahren erfolgt nach dem ganzen in der Bauhypothek enthaltenen Betrage der Bauforderung. Ist ein Teil der Bauforderung getilgt, so wird trotzdem für die Berechnung der Quote aus dem hinterlegten Betrage die ganze Bauforderung zugrunde gelegt. Natürlich tritt eine Kürzung ein, wenn durch den Anteil an der Sicherheit unter Hinzurechnung des bereits gezahlten Teilbetrages der Baugläubiger mehr erhalten würde, als die in der Bauhypothek enthaltene Forderung beträgt. So Frank und Hecht, Textausgabe, Mannheim 1909 S. 61.

II. Die Bauhypothek. Der Bauvermerk soll nur den Anspruch des Baugläubigers auf Eintragung einer Bauhypothek sichern. Für diese ist folgendes Verfahren vorgesehen:

1. Die Anmeldung. Vorausgesetzt wird eine Anmeldung der bis zur Bauvollendung erwachsenen Bauforderungen innerhalb eines Monats[64]) nach Bekanntmachung der polizeilichen Gebrauchsabnahme; Anmeldungen vor dem Beginn der Frist sind nicht zulässig, da sonst aus übergroßer Vorsicht oder zur Schikane Anmeldungen erfolgen könnten, die sich nachher als überflüssig herausstellen, weil der Gläubiger rechtzeitig befriedigt wird (Begr. S. 38). (§ 22 Abs. 3 d. G.). Die schriftliche oder mündliche Anmeldung erfolgt beim Bauschöffenamte und ist nur wirksam, wenn bei diesem bis zum Ablauf der einmonatigen Meldefrist eingereicht wird entweder die schriftliche Zustimmung des Eigentümers zur Anmeldung oder eine gegen diesen ergangene, die Anmeldung zulassende einstweilige Verfügung des zuständigen Amtsgerichtes[65]), dem eine Reihe von Tatsachen glaubhaft zu machen sind, insbesondere der schriftliche oder mündliche von dem Anmeldenden geschlossene Vertrag, mag auch die Bauforderung noch nicht fällig sein, und die Eigenschaft einer Forderung als Bauforderung im Sinne des Gesetzes fehlen[66]). Zur Beglaubigung kann insbesondere der Handwerker oder Lieferant Bescheinigungen seiner Gehilfen und Arbeiter, der Bauarbeiter Bescheinigungen seiner Arbeitsgenossen und anderer Baugläubiger vorlegen (Begr. S. 37). Zulässig sind alle Beweismittel, aber nicht Eideszuschiebung (§ 294 ZPO.).

Die Anmeldung kann zurückgenommen werden:

a) Vor Übersendung der Anmeldungen an das Grundbuchamt. Hierzu bedarf es der für Eintragsbewilligungen in der Grundbuchordnung (§ 29) vorgeschriebenen Form, nämlich der öffentlichen oder öffentlich beglaubigten Urkunde. Soll die Zurücknahme protokollarisch erklärt werden, so hat dies während des Laufes der Anmeldefrist zu Protokoll des Bauschöffenamtes zu geschehen.

b) Nach Übersendung der Anmeldungen an das Grundbuchamt (§ 30 d. G.), aber vor Eintragung der Bauhypothek. Die Zurücknahme der Anmeldung kann zu Protokoll des Grundbuchamtes erklärt werden.

c) Zur Verhinderung der Bauhypothek kann jederzeit eine nachträgliche Sicherheit geleistet werden. Das Gesetz bestimmt deshalb, daß der Zurücknahme einer Anmeldung gleichsteht, wenn dem Bauschöffenamte nachgewiesen wird, daß für die angemeldete Forderung Sicherheit durch Hinterlegung von Geld oder Wertpapieren geleistet ist (§ 24 Abs. 2 d. G.). Das Bauschöffenamt hat auf Antrag dem Anmeldenden eine Frist zu bestimmen, binnen welcher dieser dem Bauschöffenamte die Einwilligung in die Zurückgabe der Sicherheit zu erklären oder die Erhebung der Klage wegen seiner Forderung

64) Die Fristen sind nach §§ 187, 188 BGB. zu berechnen.

65) §§ 935 ff. ZPO.

66) Einzelheiten siehe § 23 Abs. 2 Ziff. 1—3.

nachzuweisen hat. Nach Ablauf der Frist hat das Bauschöffenamt auf Antrag die Zurückgabe der Sicherheit anzuordnen, wenn nicht inzwischen die Erhebung der Klage über die Forderung, wegen der er nicht in die Zurückgabe einwilligt, nachgewiesen ist. Auf das Verfahren finden die Vorschriften des Gesetzes über die Angelegenheiten der freiwilligen Gerichtsbarkeit Anwendung. Die Abänderung der Entscheidungen des Bauschöffenamtes kann bei dem Amtsgericht, in dessen Bezirk das Bauschöffenamt seinen Sitz hat, nachgesucht werden. Es finden hierbei die §§ 20 bis 25 des Gesetzes über die freiwillige Gerichtsbarkeit Anwendung, die im wesentlichen folgendes ergeben: Das Ersuchen um Abänderung steht jedem zu, dessen Recht durch die Verfügung beeinträchtigt ist; dieses Ersuchen kann sowohl bei dem Bauschöffenamte, als auch bei dem Amtsgericht eingereicht werden. Die Entscheidung des Amtsgerichtes endlich ist mit Gründen zu versehen. Die Beschwerde findet gegen die Entscheidung des Amtsgerichtes statt, und zwar an das Landgericht. Eine Anfechtung der Entscheidung, durch welche der Antrag auf Bestimmung einer Frist abgelehnt wird, steht nur dem Antragsteller zu; in diesem Falle, sowie im Falle der Anfechtung der Entscheidung über die Zurückgabe der Sicherheit muß die Anfechtung in der für sofortige Beschwerden bestimmten Frist (2 Wochen nach § 577 ZPO.) erfolgen. Die Entscheidung über die Zurückgabe tritt erst mit der Rechtskraft in Wirksamkeit.

Das Bauschöffenamt kann aber, bevor die Anmeldung weitergegeben wird, noch zweierlei unternehmen:

a) Es kann eine gütliche Einigung zu vermitteln suchen. Es geschieht dies auf Antrag eines Beteiligten. Zu diesen werden gerechnet werden müssen nicht bloß die unmittelbar beteiligten Baugläubiger, sondern auch die nachstehenden oder gleichstehenden, also mittelbar beteiligten Hypothekengläubiger. Die vermittelnde Tätigkeit tritt ein, wenn Anmeldungen erfolgt oder beabsichtigt sind. Es kann ein Termin vom Bauschöffenamte zur mündlichen Verhandlung bestimmt werden, zu diesem Termin die Vorladung der Beteiligten und deren persönliches Erscheinen, unbeschadet des Rechtes der Vertretnug durch Bevollmächtigte, auch durch Rechtsanwälte oder gewerbsmäßige Vertreter, nötigenfalls durch Ordnungsstrafen bis zu 200 Mk. erzwungen werden. Bei nachträglich erfolgter Entschuldigung kann die Verurteilung ganz oder teilweise zurückgenommen werden[67]).

b) Das Bauschöffenamt kann aber außerdem noch auf Verlangen eines Beteiligten, wenn bei der Vereinbarung einer Vergütung das Maß des üblichen offenbar[68]) in erheblichem Maße überschritten ist, bestimmen, daß die Forderung nur in Höhe des Betrages berücksichtigt wird, welcher dem üblichen Preise entspricht, und diesen Betrag festsetzen.

---

67) Gegen die Entscheidung des Bauschöffenamtes über Ordnungsstrafen findet Beschwerde an das Amtsgericht statt, in dessen Bezirk das Bauschöffenamt seinen Sitz hat; das Verfahren richtet sich nach den Vorschriften der Strafprozeßordnung (§§ 346 ff.).

68) Vgl. z. B. §§ 319, 1591, 1717 BGB.

2. Nach Ablauf der Anmeldefrist gibt es zwei Möglichkeiten:

a) Es liegen wirksame Anmeldungen nicht vor. Dann wird der Bauvermerk auf Ersuchen des Bauschöffenamtes gelöscht, und damit erlischt auch der Anspruch der Baugläubiger auf Eintragung der Bauhypothek. Die Baugläubiger können nur noch die Eintragung einer Sicherungshypothek gemäß § 648 BGB. verlangen.

b) Nach Ablauf der Anmeldefrist hat behufs Eintragung der Bauhypothek das Bauschöffenamt dem Grundbuchamte die Anmeldungen zu übersenden, nebst den die Wirksamkeit oder die Zurücknahme einer Anmeldung betreffenden Urkunden. Soweit nach Mitteilung des Bauschöffenamtes eine Einigung der Beteiligten über den Gesamtbetrag der Bauhypothek (§ 26 s. o. S. 54), die Anteile der einzelnen Gläubiger und den Vorrang der Bauforderungen von Bauarbeitern erfolgt ist, hat das Grundbuchamt die Eintragung der Bauhypothek nach Maßgabe dieser Mitteilung vorzunehmen. Schweben übrigens Verhandlungen über eine gütliche Einigung, so kann das Bauschöffenamt die Übersendung der bezeichneten Urkunden bis zum Abschluß der Verhandlungen aussetzen, jedoch spätestens bis zum Ablauf eines Monats nach Ablauf der Anmeldefrist, also seit Fertigstellung zwei Wochen und zwei Monate. Sind also bis zum Ablaufe der Anmeldefrist Bauforderungen wirksam angemeldet, so wird für sie von Amts wegen unter Löschung des Bauvermerks eine als Bauhypothek bezeichnete Hypothek eingetragen. Mit der Eintragung entsteht die Hypothek. Die Bauhypothek gilt nach dem Gesetze (§ 27 Abs. 2 Satz 3) als Sicherungshypothek, auch wenn sie im Grundbuche nicht als solche bezeichnet ist. Wohl aber muß sie wenigstens als Bauhypothek bezeichnet sein. Bei der Eintragung der Bauhypothek sind außer ihrem Gesamtbetrage die den einzelnen Baugläubigern zustehenden Teilbeträge anzugeben. Ist eine Differenzkaution geleistet, so vermindert sich der Betrag der Bauhypothek um den Betrag der Sicherheit unter verhältnismäßiger Herabsetzung der den einzelnen Baugläubigern zustehenden Teilbeträge (§§ 30, 27 Abs. 2 bis 4 d. G.).

Die Bauforderungen, die bei der Eintragung der Bauhypothek berücksichtigt sind, haben unter sich gleichen Rang. Soweit jedoch die Bauhypothek für Lohnrückstände von Bauarbeitern besteht, gebührt diesen bis zur Höhe des auf zwei Wochen entfallenden Lohnes der Vorrang vor den übrigen Bauforderungen. Der Lohn kann Tagelohn sein und wird hierbei die vereinbarte rückständige Vergütung berechnet; bei Akkordlohn erfolgt die Feststellung des zweiwöchigen Arbeitsverdienstes durch das Bauschöffenamt von Fall zu Fall. Denn nach § 31 hat dieses Amt festzustellen, welcher Lohnrückstand einem zweiwöchigen Akkordlohn entspricht. Der Vorrang der Lohnrückstände ist bei der Eintragung der Bauhypothek im Grundbuche zu vermerken; ist ungewiß, ob und in welcher Höhe der Vorrang für eine Bauforderung besteht, so ist ein Widerspruch einzutragen. In den Fällen der Verwandlung eines Teiles der Bauhypothek in die Eigentümergrundschuld kann dies nicht zum Nachteile der den Baugläubigern verbleibenden Bauhypothek geltend gemacht werden. Dies gilt auch, wenn ein Teil der Bauhypothek in eine gewöhnliche Hypothek (§ 1116 BGB.), eine Grundschuld oder Rentenschuld umgewandelt, oder wenn an die Stelle einer Bauforderung, für welche die Bauhypothek besteht, eine Forderung aus einem andern Rechtsgrunde, aber in gleicher Höhe, gesetzt wird (§§ 1163, 1168, 1170, 1186 BGB., § 29 Baugläubiger-SchG.).

Der Rang der Bauhypothek gegenüber andern Rechten bestimmt sich gemäß § 883 Abs. 2 BGB. nach der Eintragung des Bauvermerks. Früher eingetragene Rechte gehen also der Bauhypothek im Range vor, später eingetragene Rechte dagegen stehen ihr nach. Der Rang der Bauhypothek richtet sich also nach dem Zeitpunkte der Eintragung. Die einzige Abweichung ist in § 32 bezüglich des Nießbrauchs und Wohnungsrechtes gegeben. Diese stehen der Bauhypothek im Range nach. Diese Rechte erhalten ihren eigentlichen Inhalt erst durch die Errichtung des Gebäudes. Das Wohnungsrecht wäre ohne das Gebäude, das von den Baugläubigern errichtet wird, gegenstandslos; der Nießbrauch erfährt durch die Errichtung des Gebäudes eine außerordentliche Wertsteigerung. Es erscheint deshalb billig, den Baugläubigern den Vorrang vor Wohnungsrecht und Nießbrauch einzuräumen. Allerdings entsteht, wie die Begr. S. 42 betont, auf der andern Seite für die Baugläubiger der Nachteil, daß bei der Feststellung der Belastung diese Rechte nicht berücksichtigt werden; die Höhe der zu stellenden Differenzkaution wird dadurch wesentlich beeinflußt. Der Rang der Bauhypothek soll bei ihrer Eintragung ersichtlich gemacht werden. All dies gilt unbeschadet der Vorschriften über die Baugeldhypothek, von der sogleich die Rede sein soll.

III. Die Baugeldhypothek. Die Aufnahme einer solchen zugunsten des Baugeldgebers entspricht ebenso der Übung, wie sie zur Benachteiligung der Bauhandwerker beizutragen pflegt, die, je später ihre Forderungen fällig werden, um so mehr Gefahr laufen, durch Bevorzugung des Geldgebers unbefriedigt zu bleiben. Wollte man hier radikal zugunsten des Bauhandwerkes durchgreifen, so würde man durch das Gesetz die Bereitwilligkeit zur Gewährung von Kredit in der Form der Baugelder sehr gemindert und damit auch der Bautätigkeit als solcher schwere Hindernisse bereitet haben, da nun einmal Unternehmer, die ganz oder hauptsächlich mit eigenem Gelde bauen, fast gar nicht vorkommen. Eine Baugeldhypothek kann nicht vor dem Bauvermerke eingetragen werden, weil dann das Baugeld als Differenzkaution eingetragen werden müßte, wenn es zusammen mit vorhergehenden Eintragungen Dreiviertel des Baustellenwertes übersteige. Derartiges wäre „praktisch unmöglich". Andererseits müßte eine solche Hypothek doch den Vorrang vor der Bauhypothek erlangen können. Es ergibt sich folgende Regelung (§§ 33 ff.).

a) Vorausgesetzt ist, daß die Eintragung der Baugeldhypothek erfolgt zugunsten eines Gläubigers, der die Gewährung von Baugeld übernommen hat. Die Regel des Verkehrs ist, daß das Darlehen in Raten ausbezahlt wird. Für den Begriff des Baugeldes ist dies jedoch nicht wesentlich, sondern nur, daß es sich um Geldbeträge handelt, die zum Zwecke der Bestreitung der Baukosten gegen Immobiliarsicherheit dargeliehen werden. Die Baugeldhypothek kann nur für ein reines Baugelddarlehen eingetragen werden. Dies ist von besonderer Wichtigkeit (s. unten Anm. 69).

b) Die Hypothek wird als eine dem Bauvermerk im Range nachstehende eingetragen und muß bei der Eintragung ausdrücklich als Baugeldhypothek bezeichnet werden.

c) Die Eintragung „soll" nur erfolgen, wenn der Baugeldvertrag, von dem das Bauschöffenamt zum Zwecke eventueller gütlicher Einigung Abschrift erhält, beim Grundbuchamte eingereicht ist.

d) Trotz der Eintragung nach dem Bauvermerk gebührt der Baugeldhypothek der Vorrang sowohl vor der Bauhypothek als auch vor den dem Bauvermerke gleichstehenden Belastungen, wenn unmittelbar oder mittelbar durch den Eigentümer der Inhaber der Baugeldhypothek Baugläubiger befriedigt hat, d. h. soweit

aa) durch eine in Anrechnung auf das Baugeld geleistete Zahlung eine Forderung getilgt worden ist,

bb) in Anrechnung auf das Baugeld an den Eigentümer in Höhe einer von diesem getilgten Bauforderung eine Zahlung bewirkt worden ist[69]).

Der Vorrang setzt den guten Glauben des Baugeldgebers voraus, wenn die Bauforderung nicht bestanden hat. Denn der Baugeldhypothek gebührt der Vorrang nicht, wenn dem Baugeldgeber z. Z. seiner Zahlung bekannt oder infolge grober Fahrlässigkeit unbekannt war, daß die Forderung nicht bestanden

69) Diese Fälle zeigen, daß der Baugeldgeber sein Darlehen nicht notwendigerweise an den Baugeldgeber, sondern direkt an die Baugläubiger zahlen kann „in Anrechnung auf das Baugeld". Der Baugeldempfänger hat also insoweit gar keine rechtliche Möglichkeit, über dieses Baugeld zu verfügen (vgl. oben S. 44, 45). Hagelberg hat a. a. O. auf die Klauseln aufmerksam gemacht, in denen der Baugeldgeber sich das Recht ausbedingt, die Valuta, ohne auf die eigentlichen Baugläubiger im Sinne des Gesetzes beschränkt zu sein, an irgend welche Gläubiger des Baugeldnehmers auszuzahlen. Hieran hätte er um so mehr Interesse, als z. B. Notare, Grundstücks- und Hypothekenmakler, der Fiskus wegen der Auflassungskosten, der Umsatzsteuer, des Kaufstempels usw., Gerüstverleiher, Gärtner und andere Personen nach dem Gesetze nicht aus dem Baugeld befriedigt werden dürfen. Es seien daher unter Umständen Pfändungen von ihrer Seite zu besorgen, welche den ganzen Bau zum Stocken bringen und somit auch den Baugeldgeber schädigen können. Dadurch würde die in den §§ 1 und 5 vorgesehene allgemeine Sicherungsmaßregel (Verwendungspflicht) illusorisch sein. Es ist in solchen Fällen in der Tat nur dann ein Schutz möglich, wenn der zweite Abschnitt eingeführt wird. Denn wenn der Zweck der Verwendung ganz oder teilweise der Bestimmung des Geldgebers vorbehalten wird, so ist das Darlehen insoweit kein Baugelddarlehen. „Es gibt also dafür keine echte Baugeldhypothek. Da aber der Baugeldgeber auf den Vorrang nicht verzichten kann noch will, da ferner die Eintragung der ihm zustehenden Hypothek vor dem Bauvermerk mit Rücksicht auf die erforderliche hohe Differenzkaution praktisch ausgeschlossen erscheint, so bleibt dem Baugeldgeber nur die Möglichkeit, auf jene Klausel zu verzichten."

hat. Der Gedanke war der, daß zwischen dem Eigentümer und einer Person, die als Baugläubiger vorgeschoben wird, eine Forderung überhaupt oder in gewissem Umfange fingiert werden kann und daß in solchen Fällen der Baugeldgeber einer Sicherung bedarf.

Dem Nichtbestehen einer Bauforderung erachtet es das Gesetz gleich, wenn ein Nachmann für dieselbe Leistung eine Bauforderung hat und der Vormann nicht über ausreichende Mittel zur Befriedigung der Forderungen seiner Nachmänner verfügt oder nicht die Absicht hat, diese Forderungen in vollem Umfange zu befriedigen. Es hat z. B. der Bauherr A. den Bau an den Unternehmer B. vergeben. Dieser hat dem Schlosser C. Arbeiten in Höhe von 600 Mk. übertragen. B. und C. sind noch nicht befriedigt in Höhe von 200 Mk. und haben diesen Betrag rechtzeitig für die Bauhypothek angemeldet. Der Baugeldgeber D. zahlt an B. die 200 Mk.; dieser läßt aber den C. ohne Befriedigung seiner Forderung. Dann kann D. Vorrang vor der Bauhypothek erhalten, wenn ihm nicht nachgewiesen wird, daß der B. nicht über ausreichende Mittel zur Befriedigung seines Nachmannes C. verfügt und nicht die Absicht hat, die Forderung des C. in vollem Umfange zu befriedigen und daß ihm, dem D., dies bei der Zahlung der 200 Mk. an B. bekannt war.

Der Vorrang der Baugeldhypothek erstreckt sich auf Zinsen bis zu 5% und auf die Kosten der Kündigung und Beitreibung (§ 1118 BGB.).

e) Eine Reihenfolge, in der der Baugeldgeber die Baugläubiger befriedigen müßte oder eine bestimmte prozentuale Befriedigung ist nicht vorgeschrieben, in der Regierungsvorlage auch nicht vorgesehen gewesen. Verlangt wurde aus den Kreisen der Bauhandwerker die sogenannte paritätische Befriedigung. Der Reichstag hat den Weg, sämtliche Zahlungen anteilmäßig im Verhältnis der Forderungen durch Treuhänder zu bewirken, nicht beschritten, wohl aber bestimmt, daß ein Fünftel des Baugeldes gesperrt werden kann und nicht dem Vorrechte des Baugeldgebers unterliegt, wenn binnen einer Frist von zwei Wochen seit Beginn der Anmeldefrist ein Baugläubiger gegen die Auszahlung Widerspruch, der durch den Gerichtsvollzieher zuzustellen ist, erhoben hat. Erst nach Ablauf der Frist kann der Baugeldgeber für seine Zahlungen den Vorrang erwerben, vorher bei erhobenem Widerspruch nur dann, wenn er ein Fünftel des Baugeldes hinterlegt; dieses wird ebenso wie eine Differenzkaution behandelt (§§ 34 Abs. 3 und 13 d. G.), kann also dem allgemeinen Verteilungsverfahren unterliegen. Der Widerspruch verliert seine Wirkung, wenn nicht dem Baugeldgeber vor Ablauf der Anmeldungsfrist vom Widersprechenden nachgewiesen wird, daß er eine beim Bauschöffenamt wirksam angemeldete Bauforderung hat (§ 34 Abs. 1).

f) Der Baugeldgeber hat die Beweislast für den Vorrang der Baugeldhypothek vor der Bauhypothek, wenn Zahlungen erfolgen. Das Gesetz sieht die Vermittlung eines Treuhänders vor, um die Zustimmung derjenigen Baugläubiger zur Eintragung des Vorranges zu erlangen, für welche eine Bauhypothek eingetragen ist. Der Treuhänder wird vom Amtsgerichte bestellt, in dessen Bezirke die Baustelle belegen ist. Es soll tunlichst ein Bausachverständiger sein. Die durch Vermittlung oder auf formlose Anweisung des Treuhänders geleisteten Zahlungen begründen den Vorrang vor der Bauhypothek. Er darf die Zahlung nur vermitteln oder anweisen, soweit der Baugeldgeber nach Maßgabe der Vorschriften über den Vorrang (s. oben zu d) zur Zahlung mit Wirkung gegen die Baugläubiger berechtigt ist. Dem Treuhänder ist anstelle des Baugeldgebers der Widerspruch gegen die Auszahlung des fünften Teils des Baugeldes zuzustellen und die Bescheinigung des Bauschöffenamtes vorzulegen. Der Treuhänder hat die rechtliche Stellung eines Pflegers im Sinne des BGB. (§§ 1909/21). Er ist für die Erfüllung der ihm obliegenden Pflichten allen Beteiligten, also dem Eigentümer, dem Baugeldgeber, dem Baugläubiger und Bauherrn verantwortlich. Auf Ersuchen des Bauschöffenamtes hat er diesem Auskunft zu erteilen; eine Pflicht zur Übernahme des Amtes besteht nicht. Der Treuhänder kann von dem Baugeldgeber für die Führung seines Amtes eine angemessene Vergütung (vgl. § 1806 BGB.) verlangen. Vor der Festsetzung soll das Amtsgericht den Baugeldgeber soweit tunlich hören. Bei der Schwierigkeit, Treuhänder zu finden, können durch landesherrliche Verordnung die Verrichtungen der Treuhänder auch dem Bauschöffenamte übertragen werden (§§ 35, 36, 63 d. G.).

Alle Sicherungsmaßregeln dienen, wie sich aus dem bisherigen notwendigerweise ergibt, dem Schutze der Bauforderungen, die durch das Gesetz eine wertvolle und eigenartige Umgrenzung gefunden haben. Wir sahen schon, daß Baugläubiger diejenigen sind, die, sei es durch Werk- oder Dienstverträge, sei es durch Lieferungsverträge, an der Herstellung des Gebäudes beteiligt sind. Darin liegt folgendes:

a) Bauforderung ist nur diejenige, welche entstanden ist durch Arbeiten, Dienste oder Lieferungen, welche die Herstellung des Gebäudes bezwecken. Nur Leistungen, die sich auf Bestandteile des Gebäudes beziehen, kommen daher in Frage. Daraus ergibt sich, daß nur sog. wesentliche Bestandteile im Sinne des § 94 Abs. 2 BGB. in Betracht zu ziehen sind. Herstellung oder Lieferung von beweglichem Zubehör begründet keine Bauforderung im Sinne des Gesetzes. Man ging hierbei davon aus, daß an diesem rechtlich ein Eigentumsvorbehalt bis zur Zahlung des Kaufpreises möglich ist, sodaß der Lieferant von Zubehörstücken nicht sein Eigentum durch die Leistung verliert und lediglich die Hypothek eines andern verbessert, wie derjenige, der wesentliche Bestandteile eines Gebäudes herstellt, liefert oder einfügt (Begründung S. 34). Es wird sich deshalb im einzelnen immer darum fragen, ob es sich um einen wesentlichen Bestandteil eines Gebäudes handelt, also um eine eingefügte Sache oder um ein Zubehörstück. Nichtwesentliche Bestandteile im Sinne des BGB. § 94 Abs. 2 und § 18 d. G. sind z. B. die zu einer Hoteleinrichtung gehörigen Gegenstände, sodaß die Lieferanten, auch wenn sie zugleich Handwerker sind, nicht als Baugläubiger erscheinen[70]. Hierher gehört auch, daß ein in der Kommission und im Plenum gestellter

70) Verhandlungen des Reichstages 1909 S. 8253.

Antrag, die Bau- und Landschaftsgärtner allgemein als Baugläubiger im Sinne dieses Gesetzes zu behandeln, abgelehnt wurde. Damit ist aber nicht gesagt, daß die Gärtner nicht als Baugläubiger gelten können. Sie sind dies dann, wenn sie an der Herstellung wesentlicher Bestandteile des Gebäudes beteiligt sind. Wenn sie also Dachgärten, Wintergärten, Terrassen oder andere feste Bestandteile eines Gebäudes herstellen, sind sie Baugläubiger, ebenso dann, wenn sie gärtnerische Anlagen ausführen, die baupolizeilich vorgeschrieben sind. Sonst gelten die Gärtner nicht als Baugläubiger und selbst dann nicht, wenn die gärtnerischen Anlagen baupolizeilich genehmigt sind[71]).

b) Die Bauforderungen entstehen nur dann, wenn Arbeiten, Dienste oder Lieferungen zur Herstellung des Baues gedient haben. Bei Architekten, Baumeistern, Künstlern der Innenausstattung usw. kann man nur dann von Bauforderungen sprechen, wenn sie, die ja nicht selbst mit Hand anlegen, sondern nur Pläne ausarbeiten, auch tatsächlich zur Herstellung des Gebäudes gedient haben, indem ihre Pläne wirklich der Bauausführung zugrunde gelegt worden sind.

c) Die Lieferanten sind in das Gesetz mit einbezogen worden unter der Begründung, daß vielfach die Handwerker zugleich Lieferanten sind, z. B. Tischler, die nur Türen für ein Gebäude herstellen und abliefern, aber nicht selbst einfügen; es erschien auch wünschenswert, eine Interessengemeinschaft zwischen Lieferanten und Handwerkern zu schaffen (Begründung S. 34).

d) Zur Entstehung der Bauforderungen ist dann weiter erforderlich daß die Werk-, Dienst- oder Lieferungsverträge abgeschlossen worden sind

aa) von dem Eigentümer der Baustelle oder

bb) für seine Rechnung durch einen Beauftragten oder einen Geschäftsführer ohne Auftrag;

cc) durch einen sog. Generalunternehmer, d. h. eine Person, die den Bau mit Zustimmung des Eigentümers, aber für eigene Rechnung, als Bauherr ausführt. Nach der Begr. S. 34 wird durch diese Vorschrift namentlich der Fall getroffen, daß nach dem zwischen dem Baustellenverkäufer und dem Bauunternehmer abgeschlossenen Vertrage das Eigentum des Grundstückes erst nach Vollendung des Baues übertragen werden soll; ferner sichert diese Vorschrift gegen Umgehungen des Gesetzes in dem Falle, daß der Ehemann der im Grundbuche eingetragenen Eigentümerin als Bauherr auftritt.

e) Die Entstehung der Bauforderungen setzt aber noch weiterhin voraus, daß der Anspruch eines Baugläubigers eine in Geld vereinbarte Vergütung sei. Betrügerische Verabredungen zu verhindern, ist die schon erwähnte Vorschrift bestimmt, daß, wenn bei der Vereinbarung einer Vergütung das Übliche offenbar in erheblichem Maße überschritten ist, eine Ermäßigung seitens des Bauschöffenamtes vorgenommen werden kann. (§ 20 Abs. 1 Satz 1 und § 21 Abs. 1).

71) KommBer. S. 53, Verhandlungen des Reichstages 1909 S. 8252 f.

f) Die Leistung muß in dem Baue tatsächlich verwendet worden sein. Eine sehr zweckmäßige Annahme ist hier getroffen worden für den Fall, daß in den Bau einzuführende Sachen fertiggestellt und abgeliefert sind, oder daß die Verwendung in dem Bau infolge Annahmeverzuges des Eigentümers oder Bauunternehmers unterblieben ist. Derjenige z. B., der im Auftrage des Eigentümers oder Unternehmers Türen, Fenster, Gittertore oder ähnliche Arbeiten fertiggestellt und abgeliefert hat, darf nicht von dem Schutze des Gesetzes deshalb ausgenommen werden, weil diese Gegenstände nicht mehr rechtzeitig vor der Beschlagnahme des Grundstückes oder vor der Konkurseröffnung in den Bau eingefügt worden sind; diese Arbeiten sind für den Bau nach wie vor verwendbar, während sie für den Baugläubiger meist keinen Wert haben (KommBer. S. 15, 16)[72]. Ist die Verwendung nicht vollständig erfolgt, so ist die vereinbarte Vergütung in dem Verhältnisse herabzusetzen, in welchem bei dem Abschlusse des Vertrages der Wert der vereinbarten Leistung zu dem Werte der in dem Bau verwendeten Leistung gestanden haben würde.

Schuldner dieser Bauforderungen sind

a) der Eigentümer der Baustelle,

b) der Generalunternehmer (Bauherr),

c) der sog. Nachmann. Hat nämlich der Eigentümer die Herstellung des Gebäudes oder eines einzelnen Teiles des Gebäudes einem Unternehmer übertragen, so sind die Lieferanten, die durch Dienst- und Werkverträge Herangezogenen, auch ihm gegenüber Baugläubiger; vorausgesetzt ist hier, daß die Verträge von dem Unternehmer oder im Falle der Weiterübertragung der Herstellung an einen andern Unternehmer von einem solchen geschlossen worden sind. Verhütet werden soll also, daß der Eigentümer die Ausführungen des Baues an eine Zwischenperson (Strohmann) überträgt, der seinerseits nicht zahlungsfähig ist. Der Unternehmer (Nachmann) haftet auch für Verträge, die für seine Rechnung durch einen Beauftragten oder einen Geschäftsführer ohne Auftrag geschlossen worden sind. Um aber den reellen Nachmann zu schützen, hat die Reichstagskommission und das Plenum des Reichstages den Gegenbeweis gestattet, daß dem ersten Unternehmer die zur Herstellung erforderlichen Mittel zu Gebote standen und er die Absicht hatte, die aus der Herstellung für ihn erwachsenden Verbindlichkeiten in vollem Umfange zu erfüllen. Dann ist seine Haftung, wie sie eben umrissen wurde, ausgeschlossen. Die Beweislast für diese Umstände trifft den Eigentümer. Es genügt jedoch, statt des Nachweises des Vorhandenseins ausreichender Mittel oder der Absicht, dieVerbindlichkeiten zu erfüllen, der Nachweis, daß dem Eigentümer das Nichtvorhandensein ausreichender Mittel oder jener Absicht ohne grobe Fahrlässigkeit unbekannt war[73].

72) §§ 18, 20 Abs. 1 Satz 1 und Abs. 2.

73) Harnier a. a. O. S. 1310 nennt diese Regelung mit Recht eine ungemein komplizierte. Sie scheint mir außerdem eine laxe Handhabung des gerade so gefährlichen Strohmännertums geradezu herauszufordern.

Auch der Generalunternehmer (Bauherr), der den Bau mit Zustimmung des Eigentümers ausführt, die Herstellung des Gebäudes einem Unternehmer übertragen hat, untersteht denselben Vorschriften über die Nachmänner: also grundsätzliche Haftung mit der Möglichkeit des angegebenen Gegenbeweises. Jedoch ist zum Ersatz des Nachweises des Vorhandenseins ausreichender Mittel, oder der Absicht, die Verbindlichkeiten zu erfüllen, der Nachweis erforderlich, daß sowohl dem Eigentümer, als auch dem Unternehmer das Nichtvorhandensein ausreichender Mittel oder jener Absicht ohne grobe Fahrlässigkeit unbekannt war[74]). — Auf die Frage des Verfahrens bei Leistung von Sicherheit, das bereits gestreift wurde, und auf die Zwangsversteigerung des Baustellengrundstückes sei hier nicht eingegangen (§§ 41 ff.). Es sei zum Schlusse nur noch die Frage aufgeworfen, ob sich die landesherrliche Inkraftsetzung des zweiten Teiles des Gesetzes empfiehlt.

Für die Inkraftsetzung des zweiten Abschnittes des Gesetzes werden allgemein folgende Vorzüge anerkannt. Bauvermerk, Bauhypothek und Differenzkaution, sowie die Sicherstellung von einem Drittel der Baukosten werden für die Bauhandwerker die Gefahren vermindern. Der Baugeldgeber ist bis zu einem gewissen Grade selbst daran interessiert, daß das Baugeld auch wirklich den Baugläubigern gezahlt werde, denn die Baugeldhypothek kann nur, wie wir gesehen haben, dann den Vorrang vor dem Bauvermerk erwerben, wenn und insoweit in Anrechnung auf das Baugeld nachweisbar Baugläubiger bezahlt worden sind. Auch die Sperrung des letzten Fünftels (siehe oben Seite 59 zu e) ist von großer Bedeutung. Schützt, wie festgestellt, der § 1 des Gesetzes nicht davor, daß Geldgeber Klauseln in den Vertrag aufnehmen, welche eine Schädigung der Baugläubiger und eine Bevorzugung der Nichtbaugläubiger bewirken würden, so ist durch diese Bestimmungen hinsichtlich der dinglichen Sicherung derartigen Vertragsbestimmungen ein Riegel vorgeschoben.

Die Gründe gegen die Inkraftsetzung des zweiten Teils des Gesetzes kann ich nicht für stichhaltig ansehen[75]). Weder der Vorwurf, die Frist- und Formvorschriften zum Schutze der Baugläubiger seien schwierige, Verstöße gegen sie würden Ärger und Unzufriedenheit mit sich bringen, noch die Befürchtung einer Verlangsamung und Verteuerung des Verfahrens können durchgreifen. Die starken Eingriffe in die persönliche Berufssphäre, die das Gesetz mit sich bringt, erfordern auch Kautelen und Vorsichtsmaßregeln zu Gunsten der Geldempfänger, die dann natürlich auch ihre Schattenseiten haben. Auch die schon gestreiften Bedenken, daß die Bautätigkeit als solche lahmgelegt, daß sie in die Hand des Großkapitals unter Verlust der Selb-

74) Wie verwickelt erst diese Regelung ist, ergibt sich aus der zutreffenden Anmerkung bei Frank-Hecht a. a. O. S. 37: „Der Eigentümer hat zu beweisen, daß ohne grobe Fahrlässigkeit a) ihm selbst Insolvenz und Benachteiligungsabsicht des Bauherrn nicht bekannt war, b) dem Bauherrn Insolvenz und Benachteiligungsabsicht des Unternehmers nicht bekannt war, c) ihm (dem Eigentümer) Insolvenz und Benachteiligungsabsicht des Unternehmers nicht bekannt war"!

75) Sie sind bei Glaser a. a. O. zusammengestellt.

ständigkeit des Bauhandwerks käme, enthalten nur Vermutungen. Die Abhängigkeit des Bauhandwerks vom Kapitalisten ist heute schon in so weitgehendem Maße vorhanden, und es kann, einen Schutz des ersteren, eine Sicherung seiner Forderungen vorausgesetzt, gar nicht als ein so großes Unglück betrachtet werden. In das Gebiet der nicht voraussehbaren Dinge gehört auch die Befürchtung, daß der Bauvermerk den Kredit erschweren würde. Gewiß wird es einer nicht für alle leicht durchzuhaltenden Übergangszeit bedürfen, wie denn die äußerst einschneidenden Maßregeln zunächst im Bauverkehr höchst fremdartig wirken und erst bei einer gewissen Anpassung an das Neue mit dem erhofften Nutzen durchgeführt werden müssen. Ob die Baukostenkaution sich überall bewährten oder ob sie dazu beitragen wird, den Unternehmer noch abhängiger von seinem Geldgeber zu stellen, muß abgewartet werden. Ausgeschlossen ist dies letztere nicht, aber man kann wohl nicht generell von der Unfähigkeit des Eigentümers, ein Drittel der Baukosten aus eigenen Mitteln (oder durch Inanspruchnahme von Kredit) sicherzustellen, reden. Es kommt in allen diesen Dingen allzu viel auf örtliche und konkrete Verhältnisse des Bauunternehmers und des Bauunternehmens an, insbesondere auf die Vertrauenswürdigkeit. Je mehr durch das neue Gesetz die Bauunternehmerverhältnisse an Solidität gewinnen, desto größer ist die Aussicht, Vertrauen und damit Kredit zu erhalten. Ich bin also für die alsbaldige Inkraftsetzung des zweiten Teils, wenn auch natürlich mit einigen Vorsichtsmaßregeln für einzelne Orte, noch besser, für gewisse Gegenden.

V.

Weitere Reformversuche auf dem Boden des Bauhandwerks.

Es bedarf noch kurz einer Erörterung der Maßregeln, die zur weiteren Reform des Baugewerbes vorgeschlagen worden sind. In der Reichstagskommission für die Novelle vom 1. Januar 1907 wurde beantragt, dem Reichstage zu empfehlen, die verbündeten Regierungen zu ersuchen, a) tunlichst bald einen Gesetzentwurf, betreffend die Änderung der Gewerbeordnung, vorzulegen, in welchem vorgeschlagen wird, daß besondere Beamte für die Baukontrolle (§ 139b) in genügender Zahl eingestellt und gewählte Vertreter der Arbeiter bei der Kontrolle zugezogen werden; b) Verordnungen zum Schutze der Bauarbeiter auf Grund des § 120e der GewO. zuzulassen. Die beiden Anträge, welche schließlich vom Reichstage angenommen wurden, haben nicht nur bemerkenswerte Gesichtspunkte zutage gefördert, sondern sind auch in Verbindung mit einem weitergehenden, sogleich zu erwähnenden Antrage geeignet, die zukünftige Entwicklung des Bauarbeiterschutzes und die hierbei möglichen Grenzen gesetzlichen Eingreifens erkennen zu lassen. Es wurde nämlich noch c) beantragt, die Materien des Bauarbeiterschutzes gleich bei der Gelegenheit der Novelle zu ordnen und dem Titel VII der GewO. einen neuen Abschnitt hinzuzufügen. Er sollte aus drei großen Paragraphen bestehen. Der eine (§ 139 n) war im wesentlichen materieller Natur. Die Bauunternehmer und Bauherren sollen danach solidarisch verpflichtet sein, die Materialien, Gerüste, Schutzvorrichtungen, Maschinen und Gerätschaften in solcher Güte anzuliefern, so einzurichten und zu unterhalten und den Betrieb so zu regeln, daß die Arbeiter gegen Gefahren für Leben und Gesundheit geschützt sind. Dieser Gedanke entspricht zum Teil wörtlich demjenigen des § 120a GewO. Die übrigen Vorschriften dieses § 139n sind spezieller Art, von denen nur einiges hervorgehoben sei. Wenn im Winterhalbjahr im Innern der Bauten Arbeiter (Putzer, Stukkateure, Ofensetzer, Maler usw.) beschäftigt werden, so müssen die Tür- und Fensteröffnungen derjenigen Räume, in denen gearbeitet wird, wind- und wetterdicht verschlossen werden. Die Anwendung des offenen Koksfeuers soll verboten, die Bauleitung zur Fürsorge verpflichtet werden, daß täglich vor Beginn der Arbeit die Laufbrücken, Leitern und Leitergänge, Gerüste, Maschinen und sonstige Gerätschaften, sowie Schutzvorrichtungen aller Art, auf ihre Standfestigkeit und Sicherheit geprüft werden und daß die Ingebrauchnahme schadhaft und mangelhaft befundener Gerüste, Geräte und sonstiger Betriebsmittel verhindert wird. Ein anderer Paragraph (139o) befaßt sich mit dem Gedanken des Erlasses von Normalvorschriften des Reichsversicherungsamtes für Sicherheitsvorrichtungen bei Abbruchsarbeiten, Ausschachtung der Baugruben, für Hoch- und Tiefbauten, Herstellung der Gerüste und Transportwege und von dem Auf- und Ausbau jeglicher Bauten unter Berücksichtigung ihrer Eigenarten und des zu verwendenden Materials. Auch hier sind Detailbestimmungen vorgesehen. Endlich ist der § 139 p, wie der zuletzt erwähnte formeller Natur, mit der Bauaufsicht befaßt. Verlangt wird die Einrichtung besonderer Baupolizeibehörden zur Aufsicht über die Ausführung der Bauten und Durchführung der Schutzvorschriften. Diese sind von den Landesregierungen für gewisse Bezirke, in der Regel für jede Gemeinde mit mehr als 10 000 Einwohnern (Baupolizeibezirk), einzurichten. Die Zahl der Baukontrolleure sei so zu bemessen, daß jeder Bau mindestens einmal wöchentlich kontrolliert werden könne. Für jeden Baukontrolleur sei ein Ersatzmann zu wählen. Die Baukontrolleure und deren Ersatzmänner sind von den volljährigen baugewerblichen Arbeitern nach dem zum Gewerbegericht eingeführten Wahlverfahren auf drei Jahre zu wählen. Es ist demnach hier nicht nur vorgesehen die Aufsicht durch Bauarbeiter, sondern auch die Beilegung einer amtlichen Qualität an diese und gleichzeitig die Wahl seitens der Arbeiter.

Es ist von besonderem Interesse, festzustellen, auf welche tatsächlichen Bedürfnisse diese Anträge zurückzuführen sind, inwieweit bereits das Gewünsche oder Ähnliches in den deutschen Einzelstaaten gilt, welche Stellung man hierzu objektiv einzunehmen hat und welches Schicksal jene Reformbestrebung erwartet.

Was den materiellen Teil des Antrags angeht, so hat sich nicht nur die preußische, sondern auch die bayerische, sächsische, württembergische und badische Regierung mit Recht ablehnend verhalten[76]. Es ist gar kein Zweifel, daß die Aufnahme spezieller Arbeiterschutzbestimmungen für sämtliche einzelnen Gewerbe in die GewO. den Rahmen der GewO. sprengen müßte. Neben diesem Gesichtspunkte ist dann als durchschlaggebend zu erachten der Zusammenhang der Unfallverhütungsvorschriften mit dem einzelstaatlichen Baupolizeirechte. Für Preußen bestehen nicht nur an vielen Orten Gerüstordnungen, die die Unfallverhütungsvorschriften ergänzen, sondern es sind von der Zentralinstanz Normativbestimmungen erlassen, welche überall durch Polizeiverordnung eingeführt sind, wo ein Bedürfnis hierzu vorliegt. Der Erlaß von solchen Vorschriften ist in Preußen, wie ein Regierungsvertreter bemerkte, „nicht abgeschlossen“ — natürlich nicht, denn ein Stillstand auf diesem Gebiete wäre unmöglich. Sicher ist aber, daß die örtlichen und klimatischen Verhältnisse in der Monarchie sehr verschieden sind, sodaß dem Bedenken einer einheitlichen Regelung eine gewisse Berechtigung nicht abzusprechen sein wird. Ich kann daher nicht zugeben, daß die Frage eines Bauarbeiterschutzes in der Form spezieller Vorschriften in der GewO. geregelt werden könnte.

In formeller Beziehung ist die Einführung einer Baukontrolle durch Aufseher aus dem Arbeiterstande von Reichs wegen keineswegs von der Hand zu weisen, wie dies von Seiten Preußens bis jetzt geschehen ist. Man führt ins Feld, daß die Überwachung der Bauausführungen im Interesse des Arbeiterschutzes bisher ausgeübt wird 1. durch die technischen Beamten der Berufsgenossenschaften, 2. durch die Beamten der Baupolizei, daß wegen der ersteren die preußische Regierung mit den zuständigen Organen des Reiches in Verbindung getreten sei und daß die letzteren neben den höheren Beamten der Baupolizei als besondere technische Beamte (Bauaufseher, Bausekretäre, Bauassistenten) angestellt seien, welche eine hinreichende technische Vorbildung hätten, um eine wirksame Überwachung der Baubetriebe vornehmen zu können. Soweit die Ausübung der Baupolizei in der Hand der Kommunen liegt, wirkt die preußische Staatsregierung, wie sie erklärt, mit allen ihr zu Gebote stehenden Mitteln darauf hin, daß solche Beamte in ausreichender Zahl angestellt würden. Soweit die Baupolizei von staatlichen Organen wahrgenommen werde, was besonders in größeren Städten der Fall sei, werde auf ständige Vermehrung der kontrollierenden Beamten Bedacht genommen. Hauptsächlich aber wird gegen Arbeiterkontrolleure geltend gemacht, daß sie ohne jede Vorbildung seien, lediglich die praktische Erfahrung des Arbeiters besäßen und nicht in der Lage wären, eine einigermaßen zulängliche Kontrolle auszuüben. Sodann spreche gegen Arbeiterkontrolleure, daß ihre Anstellung zur Vermehrung des Unfriedens zwischen Arbeitgebern und Arbeitnehmern beitragen könne, zumal wenn die Bestellung auf Grund von Wahlen der Arbeiter für eine Anzahl von Jahren erfolge. Endlich wird gegen die Schaffung besonderer

76) Siehe für das Folgende Kommissionsbericht Drucksachen Nr. 361 S. 18 ff.

Baupolizeibehörden und Organe für den Arbeiterschutz, welche dem Reiche unterstellt werden sollten, geltend gemacht, daß dies zu einer Desorganisation der Baupolizei und zu unfruchtbaren Kompetenzstreitigkeiten führen würde. Die Aufgaben, welche die regulären Baupolizeibehörden zu erfüllen hätten, seien von denen der Arbeiterschutzbehörden offenbar gar nicht zu trennen. Zweierlei Behörden würden mit ihren Organen auf demselben Gebiete tätig sein. Die preußische Regierung beharrte auf diesem ihrem Standpunkte auch noch in der jüngsten Zeit. Bei der Verhandlung ähnlicher Anträge auf Baukontrolle im preußischen Abgeordnetenhaus am 17. März 1909 wurden die ersten beiden Argumente mit besonderer Schärfe wiederholt.

Man wird nicht verkennen können, daß die bezüglich einer Trennung von Baupolizei und Bauschutzpolizei gemachte Einwendung ihre guten Gründe hat. Es ist jedoch wohl kaum nötig, diese Trennung in scharfer Weise vorzunehmen, vielmehr ist ein Ineinanderarbeiten der beiden durchaus im Bereiche der Möglichkeit. Den Kernpunkt des Streites bilden die anderen beiden Argumente. Da muß zunächst festgestellt werden, daß schlechterdings von allen sachverständigen Seiten der Mangel einer ausreichenden Aufsicht über das Baugewerbe zugegeben wird. Z. B. hat das RVA. 120 technische Aufsichtsbeamte bei den Bauberufsgenossenschaften schon vor manchen Jahren für erforderlich erachtet, während deren z. Z. der Novelle von 1907 nur 75 vorhanden waren. Ebenso ist des weiteren gar kein Zweifel darüber, daß „infolge der immer größeren Kompliziertheit der Verhältnisse" die Aufsicht der gewöhnlichen Polizeibehörden nicht mehr ausreicht. Auf Schaffung spezieller Organisationen wird durch die Entwicklung der Dinge hingedrängt. Es ergeben sich bei dem Bau aus der Fertigung des Planes, der Beschaffung des geeigneten Materials, dessen Verwendung nach statischen Grundsätzen, der Ausführung nach dem genehmigten Plane, der Vornahme der unerläßlichen Sicherheitsmaßregeln usw. so viele technische Etappen, daß eine wirksame Aufsicht nur durch berufsmäßig vorgebildete und nach allen Seiten hin unabhängige Personen ausgeübt werden könne. Andererseits schließt dies doch nicht aus, daß nicht für einzelne Teile der Aufsichtsfunktion Bauarbeiter als Kontrolleure angestellt werden, deren Kompetenz gar nicht weiter zu reichen braucht als ihre Befähigung zur Kontrolle und ihre Sachkunde.

Allein dieser rein theoretische Gesichtspunkt wird erheblich verstärkt durch die Tatsache, daß in Bayern, Sachsen, Württemberg und Baden, auch Hessen, Bremen, Elsaß-Lothringen bereits Arbeiterkontrolleure am Werke sind, ganz abgesehen davon, daß die Regierung selbst in Preußen für den Bergbau Arbeiterkontrolleure als Sicherheitsmänner einführt. Es ist von Wichtigkeit, die Erfahrungen der einzelnen Staaten und deren Rechtszustand kurz zu kennzeichnen.

In Bayern[77]) ist bei jeder Baupolizeibehörde erster Instanz ein befähigter Sachverständiger für die technische Prüfung der Baupläne, sowie

77) Löhner, Bauarbeiterschutz und Baupolizei in Bayern (Münchner Volkswirtschaftliche Studien Heft 84) Stuttgart 1907; § 66 der AllgBauO. und § 94 der Münchner

für die Überwachung der plan- und vorschriftsmäßigen Bauführung aufzustellen. Diesen Sachverständigen sind als Gehilfen zur Erfüllung ihrer Aufgaben, soweit diese nicht eine höhere technische Vorbildung voraussetzen, nach Bedürfnis Bauaufseher aus dem Arbeiterstande beizugeben. Die Aufstellung der erforderlichen Zahl verläßlicher und befähigter Bauaufseher erfolgt von Amts wegen durch die Baupolizeibehörde, welche aus den Kreisen der Arbeitgeber und Arbeiter gemachte Vorschläge entsprechend zu würdigen hat. Die Bauaufseher sind endgültig zu verpflichten und unterstehen in bezug auf Dienstaufsicht und Disziplin der Baupolizeibehörde, welche deren Dienstverhältnis durch besondere Vorschrift näher zu regeln hat. In dieser Dienstvorschrift ist den Bauaufsehern auf die Dauer ihrer Funktionen die Ausübung des Bauhandwerks zu untersagen und überhaupt Vorsorge zu treffen, daß den Bauaufsehern eine von den Arbeitgebern und Arbeitern unabhängige Stellung gewahrt bleibt.

So wenig wie Bayern hat auch Sachsen eine ablehnende Stellung gegenüber den Arbeitervertretern als Baukontrolleuren eingenommen, freilich vorläufig Bedenken getragen, eine solche Einrichtung ausdrücklich vorzuschreiben, vielmehr sich darauf beschränkt, solche den Gemeinden bezw. Bauausführenden vorläufig zu gestatten. Im allgemeinen Baugesetze für das Königreich Sachsen vom 1. Juli 1900 sind Bestimmungen über die Bestellung von Arbeitervertretern als Baukontrolleuren nur insofern enthalten, als danach der für die Beachtung der bestehenden Arbeiterschutzbestimmungen verantwortliche Bauausführende besondere Bauaufseher anstellen kann und nach Befinden anstellen muß, die auch der Zahl der auf dem Bau beschäftigten Arbeiter entnommen werden können. Die Bauaufseher werden aber nicht als Baukontrolleure im eigentlichen Sinne des Wortes angesehen, da sie nur den Unternehmer vertreten, aber nicht Organ der Baupolizeibehörde sind. Immerhin können nach § 158 des erwähnten Gesetzes durch Ortsstatut oder örtliche Polizeiverordnung über die Überwachung der Bauten Vorschriften getroffen werden. Aus eigener Initiative hat die sächsische Regierung im Jahre 1900 bei dem fiskalischen Bergbau besondere, dem Kreise der Arbeiter angehörige Sicherheitsmänner eingeführt, welche neben dem Steigerpersonal und zu dessen Unterstützung bei der Unfallverhütung mitwirken sollen.

In Württemberg fanden 1902 in der Kammer der Abgeordneten eingehende Verhandlungen statt über die Maßnahmen zu einer Verbesserung der den Schutz der Bauarbeiter bezweckenden Baukontrolle. Dabei wurden auch die Fragen erörtert, ob Arbeiter oder von diesen gewählte Vertreter an dieser Kontrolle zu beteiligen seien. Die Wahl von amtlichen Kontrolleuren,

BauO. in der Fassung der Königlichen Verordnung vom 23. März 1900; Soziale Praxis Bd. 18 S. 1112. Auch der Bericht der Zentralkommission für Bauarbeiterschutz 1905, der sich beinahe wie ein Handbuch des Bauarbeiterschutzes darstellt, enthält ein ausführliches Kapitel über „Partikulargesetzgebung und Bauarbeiterschutz". Es wird hier der Stand des Arbeiterschutzes in den einzelnen Bundesstaaten und in Preußen, hier wiederum nach Provinzen geordnet, dargestellt.

also von Beamten durch die Arbeiter, wurde aus grundsätzlichen Erwägungen und politischen Gründen abgelehnt, ebenso eine amtliche Kontrolle durch Arbeitervertreter selbst[78]). Dagegen wurde durch eine Verordnung des Ministeriums des Innern vom 16. Oktober 1902, betreffend die Durchführung der zum Schutze der Bauarbeiter gegen Gefahren für Leben, Gesundheit und Sittlichkeit gegebenen Vorschriften (RegBl. S. 549 ff.) Fürsorge getroffen für eine verschärfte Baukontrolle, namentlich in Hinsicht auf den Schutz der Bauarbeiter. Die in allen Gemeinden vorhandenen Baukontrolleure, welche in den verschiedenen Stadien des Bauens jedes Bauwesen zu kontrollieren haben und die Oberamtsbautechniker sind angewiesen, speziell über die Maßnahmen zum Schutze der Bauarbeiter, insbesondere die Beachtung der Unfallverhütungsvorschriften und der Verordnung vom 1. November 1901 zu wachen, sich zur Abstellung von Mängeln mit den Bauleitern und den Organen der Baugewerksberufsgenossenschaft ins Benehmen zu setzen und sich erforderlichenfalls an die Ortspolizeibehörde zu wenden. In Gemeinden, in welchen infolge lebhafter Bautätigkeit ein Bedürfnis besteht, sollen den Gemeindebehörden bausachverständige Gehilfen der Baukontrolleure, sogenannte Bauaufseher bestellt werden. Als solche können insbesondere B a u a r b e i t e r unter der Voraussetzung bestellt werden, daß sie aus ihrem Arbeitsverhältnis ausscheiden. Die nähere Regelung ihres Dienstverhältnisses bestimmt der Gemeinderat.

Nach einer im Jahre 1908 beratenen neuen Bauordnung befaßte sich das Abgeordnetenhaus am 20. Juni 1908 mit dem Art. 82, der von der Baubeaufsichtigung und der Innehaltung der Bauarbeiterschutzvorschriften handelt, und dem Art. 82a, der vorschreibt, daß bei lebhafter Bautätigkeit Bauaufseher in der Regel aus dem Arbeiterstande als Gehilfen des Ortsbautechnikers oder der Oberamtsbaumeister zu bestellen sind. Ein Antrag, bei der Bestellung der Bauaufseher aus dem Arbeiterstande sowohl den Arbeitgebern, als auch den Arbeitnehmern Gelegenheit zur Äußerung zu geben, wurde abgelehnt, der Art. 82a in der ursprünglichen Fassung angenommen. Die Bauordnung ist auch bis Ende 1909 nicht Gesetz geworden. Es fragt sich sehr, ob sie es wird, denn die verschiedenen Fragen, in denen I. und II. Kammer noch uneinig sind, können leicht das Gesetz zum Scheitern bringen. Erwünscht ist, daß das in Württemberg jetzt übliche furchtsame Nachgeben gegenüber den Forderungen eines grundsatzwütigen, gewalttätigen Radikalismus bald ein Ende habe!

In B a d e n wurde dem Bauarbeiterschutz seit längerer Zeit lebhafte Aufmerksamkeit zugewendet, und den Bezirksämtern Anregung zu besonderen Schutzvorschriften gegeben. Solche sind vielfach in den örtlichen Bauordnungen enthalten. Durch Verordnung vom 29. Februar 1904, Gesetz- und Verordnungsblatt S. 15, ist der Bauarbeiterschutz vom Ministerium des Innern einheitlich für das Land geregelt worden. Die Baupolizei wird gehandhabt durch die Bezirksämter, denen technisch gebildete Bezirksbaukontrolleure zur Seite

78) Rede des Staatsministers des Innern 1902 Prot. Bd. III S. 2063 ff., 2081, 2084.

stehen. Sie werden aus dem Kreise der Bautechniker, auch Baugewerbetreibenden, vom Bezirksamte ernannt und sind auf Gebühren gestellt. Die Verstaatlichung dieser Baukontrolle ist eingeleitet. Die Baupolizei ist in den einzelnen Gemeinden Sache der Ortsbaukommission. In den Städten mit Staatspolizei ist ihr Vorsitzender der Bezirksbeamte, und es gehören ihr ein oder mehrere technisch gebildete Ortsbaukontrolleure an. Die Verordnung über den Arbeiterschutz überträgt die Überwachung des Vollzuges den Ortsbaukommissionen. Diese können mit Zustimmung des Bezirksamtes diese Bauaufsicht einem bestimmten Mitglied übertragen. Die Tätigkeit der Ortsbaukommissionen und der Bauaufseher auf dem Gebiete des Arbeiterschutzes wird überwacht von den Bezirksbaukontrolleuren. In den Städten mit Staatspolizei liegt die Überwachung des Arbeiterschutzes zunächst den Ortsbaukontrolleuren ob, ihnen sind nach Bedarf besondere Bauaufseher für diese Aufgabe beizugeben. Die Bauaufseher werden vom Gemeinderat ernannt, in den Städten mit Staatspolizei vom Bezirksamte bestätigt. Sie müssen durch fachliche Vorbildung oder längere Tätigkeit bei Bauten die nötigen Kenntnisse besitzen und dürfen weder ein eigenes Baugeschäft betreiben, noch in einem Privatarbeitsverhältnis stehen. Ihnen liegt ob, die Baustellen öfter zu besuchen, Zuwiderhandlungen anzuzeigen, Mißstände auf kürzestem Wege zu beseitigen, nötigenfalls unter Einstellung des Bauens. Die Bauaufsicht hat zusammenzuwirken mit derjenigen der Berufsgenossenschaften. Die Sicherheitsmannschaft hat dem Bauarbeiterschutz ebenfalls ihre Aufmerksamkeit zu schenken und Zuwiderhandlungen anzuzeigen[79]). In allen Städten mit Staatspolizei sind bis auf zwei besondere Bauaufseher angestellt, die aus dem Arbeiterstand hervorgegangen sind. Es sind vormalige Werkmeister und Poliere, Assistenten städtischer Hochbauämter u. dgl. m. Im übrigen ist die badische Regierung der Ansicht, daß der Bauarbeiterschutz im Anschluß an die Baupolizei landesrechtlich zu regeln ist und erachtet ein Bedürfnis zu reichsgesetzlichen Bestimmungen nicht gegeben. Die Bestellung von Bauaufsehern aus Arbeiterkreisen durch Wahl würde der badischen Behördenorganisation widersprechen. Die Bauaufseher sind Beamten, und deshalb von der zuständigen Behörde zu ernennen[79a]).

Faßt man alle diese gesetzgebererischen und Verwaltungsmaßregeln, sowie die geltend gemachten Bedenken und die Versuche ihrer Ausräumung ins Auge, so dürfte sich als eine objektive Auffassung die folgende ergeben:

79) KommBer. S. 25.

79a) Die badische Arbeiterschutzverordnung vom 29. Februar 1904 abgedruckt bei Roth [siehe oben Note 50] S. 430—449) steht noch in unveränderter Geltung, eine neue Verordnung über diesen Gegenstand ist inzwischen nicht erlassen worden. Das Ministerium des Innern ist gegenwärtig mit Erhebungen darüber beschäftigt, in welchen Punkten die Verordnung von 1904 etwa (wie mehrfach aus Arbeiterkreisen angeregt ist) abzuändern wäre.

Dagegen hat das Ministerium des Innern einen Runderlaß an die Bezirksämter hinausgegeben, der u. a. anordnet, daß die Beamten der Bauaufsicht bei Ausübung ihrer Funktionen Vertrauensmänner der Arbeiter zuziehen sollen und können.

Was in Bayern, Sachsen, Württemberg, Baden, um von anderen abzusehen, hinsichtlich der Einführung von Arbeitern als Baukontrolleuren möglich ist,

---

Dieser Erlaß vom 30. Januar 1909 Nr. 58262 ist meines Wissens noch nicht publiziert worden, weshalb sein Abdruck hier angebracht sein dürfte, zumal als Vorbild für das Reich.

Ministerium des Innern. Karlsruhe, den 31. Januar 1909.
Nr. 58262.
Mit Bezug
auf den Erlaß vom 11. III. 04
Nr. 12423.
Norm. X XII 5.

Den Schutz der bei Bauten beschäftigten Personen gegen Berufsgefahren
betr.

An die Großh. Bezirksämter.

Mehrfache Wahrnehmungen aus letzter Zeit geben uns Anlaß, mit Rücksicht auf die bevorstehende Wiederaufnahme der Bauarbeiten die Gr. Bezirksämter erneut auf die Vorschriften der Verordnung vom 29. Februar 1904, den Schutz der bei Bauten beschäftigten Personen gegen Berufsgefahren betr. (GVBl. S. 15), hinzuweisen.

Im Nachstehenden haben wir die Gesichtspunkte zusammengestellt, die bei Handhabung der Bauarbeiterschutzvorschriften vorzugsweise zu beachten sind. Wir veranlassen die Bezirksämter, künftig nach Maßgabe dieser Anleitung auf strenge Einhaltung der Bauarbeiterschutzbestimmungen zu achten und insbesondere den zur Bauaufsicht berufenen Personen deren genauen Vollzug erneut zur Pflicht zu machen.

I. Baubesichtigungen.

a) Jede Baustelle ist von den Bauaufsichtsbeamten wöchentlich mindestens einmal zu besuchen; bei Bauausführungen, bei denen wesentliche Verstöße gegen die Bauarbeiterschutzbestimmungen festgestellt wurden oder bei solchen, die infolge des Umfanges der Arbeit und der Eigenart oder der Schwierigkeit der Ausführung oder wegen Bedenken gegen die Zulässigkeit der für die Durchführung der Bauarbeiterschutzbestimmungen in Betracht kommenden Personen ein Nichteinhalten dieser Bestimmungen befürchten lassen, wird eine häufigere Beaufsichtigung notwendig sein. Ausnahmsweise wird bei einfachen Bauten, bei denen ihrer Natur nach besondere Anforderungen an die Achtsamkeit und die Zuverlässigkeit der Bauausführenden nicht zu stellen sind (z. B. bei Errichtung von Gartenmauern, kleineren Abort- oder Abwassergruben u. d. m.) ein regelmäßiger wöchentlicher Besuch der Baustelle nicht nötig sein.

b) Um eine den Verhältnissen des Einzelfalles Rechnung tragende Handhabung der Bauaufsicht zu sichern, die allein einen guten Erfolg verspricht, erscheint es notwendig, daß den sämtlichen Bauaufsichtsbeamten Einsicht in die genehmigten Pläne gegeben wird und zwar sofort nach Erlassung des Baubescheids, damit sie rechtzeitig Kenntnis von dem Bauvorhaben, dem Bauherrn und dem verantwortlichen Bauleiter erhalten, sich ein Bild von der Natur des Bauwerks machen zu können und dadurch Klarheit darüber gewinnen, auf was sie bei der Besichtigung besonders achten müssen.

c) Damit die Bauaufsicht ihrem Zweck genüge, darf sie sich nicht darauf beschränken die genaue Einhaltung der Vorschriften vom 29. Februar 1904 zu überwachen, sondern die Bauaufsichtsbeamten müssen ihr Augenmerk auf alles lenken, was zu einem Unglücksfall führen könnte oder was sich als ein Verstoß gegen die anerkannten Regeln der Baukunst darstellt. An Einzelheiten, auf die zu achten ist, seien beispielsweise erwähnt: Beschaffenheit der Baumaterialien, entsprechende Verwendung und Verarbeitung derselben, plan- und meistermäßige Bauausführung, sachgemäße Verwendung der Hilfsmittel für den Materialtransport usw. Hinsichtlich des letzteren Punktes gibt uns ein kürzlich zur Kenntnis gekommener Fall Veranlassung, besonders darauf hinzuweisen, daß Taue, die zum Auf- und Ablassen von Lasten oder Hängegerüsten verwendet werden, aus e i n e m Stück bestehen sollen; wenn ausnahmsweise ein zusammengesetztes Seil verwendet werden muß, so ist strenge darauf zu achten, daß das Zusammenfügen durch einen erprobten Seiler in sachgemäßer Weise geschieht. damit die Verbindung sich nicht von selbst lösen kann.

das kann für das Gebiet Preußens ebensowenig unmöglich sein, wie eine Durchführung des Prinzips für das ganze Reichsgebiet. Zweifellos ist aber nicht

d) Die den Orts- oder Bezirksbaukontrolleuren zur Unterstützung der Bauaufsicht beigegebenen besonderen Bauaufseher, ferner die zur Überwachung der Bau- und Arbeitsstellen bestellten Mitglieder der Ortsbaukommissionen oder deren Sachverständige müssen in steter Fühlung mit den Baukontrolleuren stehen, damit die Organe der Bauaufsicht sich in ihrer Tätigkeit gegenseitig ergänzen.

e) Der Erfolg der Bauaufsicht hängt sodann ganz wesentlich von der Vereigenschaftung der Bauaufsichtsbeamten und davon ab, daß sie von den Baugewerbetreibenden unabhängig sind. Die Bezirksämter sollten daher hinsichtlich der Person der Bauaufsichtsbeamten eine Prüfung auch in der Richtung eintreten lassen, ob die Bestimmungen des § 43 VO. vom 29. Februar 1904 eingehalten sind. Die Bauaufsicht erfordert einen geschulten Blick, der nicht allein durch praktische Erfahrungen zu erwerben ist, sondern auch durch theoretische Kenntnisse vorbereitet und unterstüzt sein muß. Die ausschließliche Verwendung von Bauaufsichtsbeamten aus dem Arbeiterstande würde daher, da diesen die erforderlichen theoretischen Kenntnisse abgehen, nicht genügen, wohl aber können solche Aufsichtspersonen technisch gebildeten Beamten zur Unterstützung mit gutem Erfolg beigegeben werden, wie das beispielsweise in Mannheim und Heidelberg geschehen ist. Unter Umständen, namentlich bei größeren Bauten, etwa solchen, bei denen mehr als 20 Arbeiter beschäftigt werden, könnte es sich auch als sachdienlich erweisen, wenn von den beim Bau beschäftigten Arbeitern einer aus ihrer Mitte gewählt und dem Bauaufsichtsbeamten namhaft gemacht wird, dem als ihrem Vertrauensmann von dem Bauaufsichtsbeamten bei den Besichtigungen Gelegenheit zu geben wäre. ihm Anregungen wegen besserer Durchführung der Bauarbeiterschutzbestimmungen zu übermitteln. Eine Befugnis zu selbständigen Anordnungen und zum Eingreifen in die Tätigkeit des verantwortlichen Bauleiters würde einem solchen Vertrauensmann allerdings nicht zustehen; er würde vielmehr lediglich als seine Aufgabe zu betrachten haben, die Tätigkeit des Bauaufsichtsbeamten zu unterstützen und in der Zeit, wo keine Besichtigungen stattfinden, soweit ihm dies möglich ist, der Einhaltung der Schutzvorschriften seine Aufmerksamkeit zuzuwenden. Wenn ein solcher Vertrauensmann von den Arbeitern nicht selbst bestellt wird, könnte auch in Frage kommen, daß der Bauaufsichtsbeamte in den dazu geeigneten Fällen sich seinerseits bei den Besichtigungen durch Befragen eines oder des anderen erfahrenen Arbeiters über die bei den Arbeiten hinsichtlich der Durchführung des Bauarbeiterschutzes bestehenden Anschauungen verlässigt.

II. Überwachung der Bauaufsichtsbeamten.

Die Tätigkeit der Bauaufsichtsbeamten ist seitens des Bezirksamts in geeigneter Weise zu überwachen. Die Bestimmung des § 41 Abs. 3 der Verordnung vom 29. Februar 1904, wonach die Bezirksbaukontrolleure die Tätigkeit der Ortsbaukommissionen und der Bauaufseher zu überwachen haben, ist den Baukontrolleuren nachdrücklich in Erinnerung zu bringen. Für die einzelnen Bauaufsichtsbeamten sind Stellvertreter zu ernennen, die im Behinderungsfalle bei Krankheit, Urlaub oder sonstiger Verhinderung einzutreten haben. Bei mehrere Tage dauernder Dienstbehinderung eines Bauaufsichtsbeamten hat dieser dem Bezirksamt eine Mitteilung zukommen zu lassen, damit der Stellvertreter mit der Bauaufsicht betraut werden kann. Sämtliche Bauaufsichtsbeamten haben über ihre Tätigkeit ein Tagebuch mit folgenden Spalten zu führen: 1. Ordnungszahl. 2. Lage der Baustelle, 3. Name des Bauherrn und Bauleiters, 4. Datum der Baugenehmigung, 5. Datum der Besichtigungen, 6. Ergebnis der Besichtigung, Art der Beanstandungen und der Erledigungen, 7. Vermerk, ob Anzeige erstattet, 8. Fertigstellung des Baues. Dieses Tagebuch ist in geeigneten Zeitabschnitten — etwa wöchentlich — in den Städten mit staatlicher Verwaltung der Ortspolizei dem Bezirksamt, in den übrigen Gemeinden dem Bürgermeister zur Durchsicht vorzulegen. Damit die Einträge in der Zeit der Vorlage der Tagebücher keine Unterbrechung erleiden, ist ein Hilfstagebuch anzulegen oder auf eine andere geeignete Weise für die ununterbrochene Weiterführung des Tagebuchs zu sorgen.

die Wahl durch die Arbeiter, sondern nur die Ernennung durch die Behörde, und zwar eventuell unter angemessener Berücksichtigung der Wünsche der Arbeiterschaft, das Richtige[80]). Denn eine unparteiische Kontrolle wird man nur hoffen können, wenn der Arbeiteraufseher unabhängig ist gegenüber den Arbeitgebern, aber auch gegenüber den Arbeitern, die den Schutzvorschriften zuwiderhandeln. Der Arbeiterkontrolleur soll ebenso unabhängig von der Organisation der Arbeiter sein, wie von der Beeinflussung der Arbeitgeber. Daneben bleibt aber doch bestehen, daß die Verschiedenheiten der örtlichen, klimatischen und sonstigen Verhältnisse in Deutschland einer einheitlichen Regelung, unbeschadet der Festlegung des Grundprinzips, widerstreben. Man wird es verstehen können, wenn die ablehnende Haltung Preußens auch damit begründet wird, daß die Verhältnisse einer einheitlichen Regelung noch weniger günstig sind, als dies vielleicht in andern Staaten der Fall ist. Was man im Westen ohne Bedenken vorschreiben könne, stieße im Osten auf unüberwindliche Schwierigkeiten; was in der engbebauten Großstadt gefordert werden könne, ließe sich auf dem platten Lande einfach nicht durchführen. Aber selbst hier bestehen noch erhebliche Verschiedenheiten. Niedersachsen z. B. mit seiner zerstreuten Bauweise müsse anders behandelt werden, als Thüringen mit den geschlossenen Dörfern. Die Anforderung wird also dahin zu stellen sein, daß der einzelstaatliche Bauarbeiterschutz in erheblicherer Weise, als es bisher geschehen ist, ausgebaut werde. Denn daß die Unfallverhütungsvorschriften der Baugewerksberufsgenossenschaft keineswegs überall genügen, ist ein offenes, freilich nicht offen zugestandenes, Geheimnis[81]).

Das Schicksal der §§ 139 n—o wird demnach mit einiger Wahrscheinlichkeit vorausgesehen werden können: sie werden nicht reichsrechtlich zum Gesetz gedeihen, dagegen dürften einzelstaatliche Baupolizeibestimmungen erlassen werden, deren Wirkung denjenigen entspricht, die hier beabsichtigt sind. Dagegen ist der Eingangs dieses Abschnittes erwähnten, vom Reichstage angenommenen Resolution zufolge zu erwarten, daß die Anstellung besonderer Beamten für die Baukontrolle unter Beteiligung zwar nicht gewählter, wohl aber ernannter Arbeiter erfolgen und daß der Bundesrat Verordnungen zum Schutze der Bauarbeiter auf Grund der § 120e je nach Bedürfnis erlassen wird[81a]).

80) Einen eigenartigen Mittelweg schlug man in Baden ein: In dem Note 79a erwähnten Rundschreiben an die unteren Verwaltungsbehörden hat der Minister des Innern im Jahre 1909 angeregt, den bei größeren Bauten beschäftigten Arbeitern Gelegenheit zu geben, aus ihrer Mitte einen Vertrauensmann zu wählen und der Aufsichtsbehörde namhaft zu machen.

81) Bezüglich Badens, Elsaß-Lothringens und Bremens vgl. Soziale Praxis Bd. 18 S. 906 und 1345. In Bremen beantragte der Senat bei der Bürgerschaft die Anstellung von zwei Baukontrolleuren, die aus dem Arbeiterstand entnommen werden sollten; gedacht war an Poliere. Das Verlangen der Arbeiter, daß sie selbst die Baukontrolleure wählen, ist aber vom Senate nicht erfüllt worden; indem er den Kontrolleuren die Beamteneigenschaft verleiht, will er sie auch dem Einflusse der Arbeiter entziehen.

81a) Dem am 30. November 1909 zusammengetretenen Reichstage ist ein Antrag Albrecht und Genossen vorgelegt worden, der den Schutz der Arbeiter des Baugewerbes

VI.

Die erste und zweite GewO.-Novelle des Jahres 1908. — Lehrlingserziehung, Meisterprüfung und -Titel, Gesellenprüfung. Vogelschutz. — Geschichte. Positives Recht. Kritik.

Die Novelle vom 30. Mai 1908[82]) wird als die Einführung des „kleinen Befähigungsnachweises" vielerorten gepriesen. Wir werden sofort sehen, daß diese Bezeichnung irreführend ist, daß in den neuen Bestimmungen „kein Nachgeben gegen die Forderung des sogenannten „großen" oder „allgemeinen Befähigungsnachweises" oder gar ein Schritt auf dem Wege zur Einführung des letzteren zu erblicken ist"[83]). Geordnet sind folgende innerlich zusammengehörige Materien:

---

betrifft. Wie schon vorher, so wird auch hier in seinem ersten Teil unter dem Titel „Einrichtungen des Baubetriebes" eine Reihe von Schutzvorschriften verlangt. In seinem zweiten Teile werden „Unterkunftsräume" in detaillierter Gestalt gefordert, ferner Unfallverhütungsvorschriften. Von besonderem Interesse sind die Bestimmungen über die Baukontrolle. Danach soll folgendes gelten (§§ 12—20):

Die Aufsicht über die Ausführung der Bauten und die Durchführung der Schutzvorschriften untersteht ausschließlich besonderen Baupolizeibehörden. Diese sind von den Landesregierungen in der Regel für jede Gemeinde mit mehr als 10 000 Einwohnern (Baupolizeibezirk) einzurichten. Kleinere Gemeinden können zu einem Baupolizeibezirk zusammengefaßt werden. Die Baupolizeibehörde ist für diesen Zweck zusammenzusetzen aus technischen Beamten und Baukontrolleuren. Die Zahl der Baukontrolleure ist so zu bemessen, daß jeder Bau mindestens einmal wöchentlich kontrolliert werden kann. Für jeden Baukontrolleur ist ein Ersatzmann zu wählen. Die Baukontrolleure und deren Ersatzmänner sind von den volljährigen baugewerblichen Arbeitern nach dem zum Gewerbegericht eingeführten Wahlverfahren auf drei Jahre zu wählen. Die Tätigkeit der Baubeamten und Baukontrolleure wird durch Dienstinstruktionen geregelt, die vom Reichsversicherungsamt zu erlassen sind. Die Geschäftsführung der Baupolizeibehörden unterliegt der Aufsicht des Reiches. Sie haben Jahresberichte über ihre amtliche Tätigkeit zu erstatten, die dem Bundesrate und dem Reichstage vorzulegen sind. Die Kosten der Baupolizei tragen die Gemeinden. Werden mehrere Gemeinden zu einem Baupolizeibezirk zusammengefaßt, so sind die Kosten der Bauaufsicht aus gemeinsamen Mitteln zu tragen. Die Baukontrolleure sind vom Staate zu besolden. Ein Abdruck dieses Gesetzes, sowie der Unfallversicherungsvorschriften ist an geeigneter, allen Arbeitern zugänglicher Stelle, sowie in den Unterkunftsräumen auszuhängen. Der Aushang muß stets in lesbarem Zustande erhalten werden. In denjenigen Bezirken, in denen fremdsprachige Arbeiter beschäftigt werden, ist er auch in deren Muttersprache auszuhängen. Zuwiderhandlungen gegen dieses Gesetz, sowie gegen die erlassenen Unfallverhütungsvorschriften werden, sofern nach dem allgemeinen Strafgesetz nicht eine höhere Strafe eintritt, mit Haft oder mit Geldstrafe bis zu 1000 Mk. bestraft. Auch kann die Baupolizeibehörde das Bauverbot verhängen.

82) Gesetz, betr. die Abänderung der GewO., RGBl. S. 356.

83) Begründung zu dieser Novelle: Drucksachen des Reichstags Nr. 350, 12. Leg.-Per. I. Session 1907, S. 7. Vgl. noch Komm.-Ber.-Drucks.Nr. 897 S. 3—13. 40—42; Drucks. Nr. 954. 955, 981; Sten. Ber. S. 3429 ff, 3462 ff. (1. Lesung); S. 5038—5040 (2. Lesung) S. 5227 (3. Lesung).

I. Die berufliche Erziehung zum Handwerk.

Seit der Einführung der Gewerbefreiheit war es ebenso erlaubt, sich ohne weiteres, auch beim Mangel einer jeden fachlichen Ausbildung, den Meistertitel beizulegen, wie Lehrlinge zu unterweisen und zu halten. Die früheren einschränkenden Bestimmungen hatten ihre Kraft verloren. Immer dringender wurden jedoch, besonders seit dem Anfang der 80er Jahre des vergangenen Jahrhunderts, die Forderungen auf einen gesetzlichen Eingriff und Schutz, durch die die ordnungsmäßige Ausbildung des Handwerkernachwuchses auf neue rechtliche Grundlagen gestellt werden sollte. Zu beginnen sei mit der Festlegung der Voraussetzungen für die Lehrherren, von deren persönlich sittlichem Charakter und fachmäßiger Sachkunde das Schicksal der zu Unterweisenden abhinge. Durch die sogenannte Handwerkernovelle vom 26. Juli 1897 ist gefordert worden 1. ein bestimmtes Lebensalter (Vollendung mindestens des 24. Lebensjahres); 2. die Zurücklegung der von der Handwerkskammer vorgeschriebenen oder mindestens dreijährigen Lehrzeit; 3. das Bestehen der Gesellenprüfung. War schon, wie die Reichsregierung anerkennt, „mit diesen Anforderungen keineswegs überall Gewähr für das wirkliche Vorhandensein einer ausreichenden Befähigung bei den einzelnen Lehrherren geschaffen worden", so waren auch jene Voraussetzungen noch abgeschwächt durch die Möglichkeit, daß an Stelle der zwei letztgenannten treten könnten: persönliche fünf Jahre hindurch erfolgende selbständige Ausübung des Handwerks oder die Tätigkeit als Werkmeister oder in ähnlicher Stellung. Die Regierung hatte die, wie heute anzunehmen, von vornherein sehr wohl begründete Befürchtung[84]), es würde bei einer zu scharfen Heraufsetzung der Ansprüche an die Befähigung des Lehrherrn keine genügende Zahl geeigneter Lehrkräfte übrig bleiben. Es bestand aber früher noch das Bedenken, daß „die geforderte Bestimmung, die das Recht zur Anleitung von Lehrlingen in einem bestimmten Gewerbe von der Ablegung der Meisterprüfung in eben diesem Gewerbe abhängig machen sollte, notwendig eine scharfe Abgrenzung der einzelnen Gewerbearten und der in jedem derselben zulässigen Arbeiten gegeneinander bedingt". Man sah ein, es würden da die gleichen schwerwiegenden Unzuträglichkeiten erwachsen, welche die Durchführung des allgemeinen Befähigungsnachweises für das Handwerk schon aus rein tatsächlichen Rücksichten untunlich erscheinen lassen.

Die Begründung der Novelle vom 30. Mai 1908 hat (im Frühjahr 1907) jene Befürchtung nicht mehr gehegt, sich auf den inzwischen glatt vollzogenen Übergang zu den neuen Vorschriften berufen, im übrigen aber eine kritisch zu wertende Gewerbepolitik befolgt. Es sollte der Gesichtspunkt der besseren fachlichen Ausbildung der Lehrlinge nicht in den Vordergrund treten; denn die Aufgabe des Staates bestände zwar auch gegenüber dem Handwerker, Einrichtungen zu schaffen und zu fördern, die eine tüchtige Vorbereitung für den Beruf ermöglichen. Aber es liege dem Staate nicht ob, mit gesetz-

84) Begründung a. a. O. S. 4/5.

lichen Verbots- und Einschränkungsbestimmungen in das Recht der Einzelnen einzugreifen, sich die fachlichen Kenntnisse in dem von ihnen für erforderlich gehaltenen Maße und bei den ihnen selbst geeignet erscheinenden Personen zu erwerben — ein Satz, der schließlich gegen die Privilegierung der geprüften Meister hervorgebracht werden könnte, hier aber besondere Bedeutung wegen der Stellung zum Befähigungsnachweise hat. Immerhin zog die Regierung die von ihr nicht zu überschreitende Grenze in einer mehr vorsichtigen als grundsätzlichen Weise. Sie meinte zwar, es müsse, wenn man sich nicht in einen Widerspruch mit den bewährten Grundsätzen der Gewerbefreiheit setzen will, daran festgehalten werden, daß der Schutz der Allgemeinheit gegen geringwertige gewerbliche Leistungen und Erzeugnisse der Regel nach Sache der Allgemeinheit selbst und lediglich da Sache der Gesetzgebung ist, wo die Gefährdung von Leben, Gesundheit und dergleichen in Frage steht. Aber es paßt schlecht zu diesem Grundsatze, daß, wie wir sogleich feststellen, die Meisterprüfung eine gegenüber dem bisherigen Rechtszustande erhöhte Bevorzugung gewährt, denn die eben bezeichneten Gefahren kommen doch bei einem nicht Geprüften, der sonst sein Handwerk versteht, nicht in Frage. Der Grundsatz der Gewerbefreiheit verlangt, daß diejenigen zur Erziehung von Lehrlingen berechtigt sein sollen, die ihr Handwerk von Grund aus verstehen, persönlich und moralisch einwandfrei sind. Dagegen ist es, wie ich im Gegensatz zu der Auffassung der Regierungsbegründung[85]) hervorheben muß, nicht mit dem Grundsatze der Gewerbefreiheit vereinbar, wenn von den Handwerkern, die Lehrlinge ausbilden sollen, verlangt wird, daß sie selbst den üblichen Erziehungsgang des ordentlichen Handwerks von Anfang bis zu Ende, d. h. von Eintritt in die Lehrzeit bis zur Ablegung der Meisterprüfung, durchgemacht haben. Andererseits ist es kein Zweifel, daß an sich die erwarteten Vorzüge eines solchen Erziehungsganges eintreten können, so da sind: Erlernen der Ausführung von gewöhnlichen Arbeiten des Berufes, Gelegenheit, sich die zum selbständigen Betriebe des Handwerks sonst nötigen Kenntnisse in der Geschäftsführung, im Verkehr mit Kunden, Behörden und Standesgenossen zu erwerben und sich zugleich ein Urteil über die Bedeutung des Gemeingeistes, der Standesehre und des körperschaftlichen Zusammenschlusses im Handwerk zu bilden[85]). Aber man hätte nicht den unlogischen Versuch unternehmen dürfen, zwar die wichtige Befugnis der Lehrlingsunterweisung mit dem Meistertitel in Verbindung zu bringen, aber dies doch noch für vereinbar mit der Gewerbefreiheit zu halten. Es ist auch nicht abzusehen, weshalb jene bezeichneten Vorzüge nicht auch bei einem nichtprivilegierten, den Betrieb seines Handwerks aufs Beste versorgenden tüchtigen Handwerker zu erwerben sein könnten.

Der Entwurf hat den bisherigen oben angegebenen Rechtszustand des § 129 GewO. nur insofern zu ändern vorgeschlagen, als zu den bisherigen Anforderungen das Recht zur Führung des Meistertitels hin-

85) a. a. O. S. 5/6.

zutreten sollte. Durch diese Bestimmung in Verbindung mit dem im § 133 eingeführten Zwange zur Ablegung der Gesellenprüfung vor Zulassung zur Meisterprüfung ist für das Handwerk die Durchführung der Maßnahme ausgesprochen, für die in den beteiligten Kreisen die Bezeichnung als „kleiner Befähigungsnachweis" gebräuchlich geworden ist. Ich habe schon festgestellt, daß die Reichsregierung es ablehnte, hierin eine Konzession an den großen oder allgemeinen Befähigungsnachweis zu erblicken[86]) Reichstagskommission und Plenum haben die nicht glückliche Formulierung[87]) verschärft, das Erfordernis des Bestehens der Meisterprüfung nach § 133 ausdrücklich hervorgehoben und eine Regelung für diejenigen Personen vorgesehen, die die Meisterprüfung nicht für dasjenige Gewerbe oder denjenigen Zweig des Gewerbes bestanden haben, in welchem die Anleitung der Lehrlinge erfolgen soll. Das Bedenken gegen die genauere Abgrenzung der einzelnen Handwerksarten haben die gesetzgebenden Faktoren in eigenartiger Weise beseitigen zu können geglaubt. Schon die Begründung hat versucht, den Gesichtspunkt in den Vordergrund zu schieben, daß nicht sowohl die Sorge für die Fachausbildung, als vielmehr die allgemeine Rücksicht auf die Erziehung der Lehrlinge im Handwerk den Ausschlag zu geben hat. Habe jemand einmal in einem Handwerke den ordnungsmäßigen Ausbildungsgang von Anfang bis zu Ende durchgemacht, so brauche seine Anleitungsbefugnis nicht notwendig auf Lehrlinge nur gerade diees Handwerkes beschränkt zu bleiben. Denn die einmal erworbene allgemeine Befähigung als „Erzieher im Handwerke" gehe ihm durch den Übertritt zu einem anderen Handwerke nicht verloren. Nun bestand natürlich noch die große Schwierigkeit, in welcher Weise ein Handwerker in den Stand gesetzt werden sollte, bei dem Übertritt zu einem völlig andersartigen Handwerksbetriebe nunmehr alsbald zu den ihm selbst bis dahin noch ganz unbekannten Arbeiten Lehrlinge anleiten zu dürfen. Man wird zugeben können, daß diese Klippe geschickt umschifft worden ist. Es braucht der zu diesem ihm fremden Handwerke übergehende Meister, der in seinem bisherigen Handwerk die Voraussetzungen für die Lehrlingsunter-

86) „Denn beide Arten des Befähigungsnachweises bedeuten trotz ihrer Ähnlichkeit der Bezeichnung etwas dem inneren Wesen nach ganz verschiedenes. Bei dem einen handelt es sich um die Befähigung, sein Brot durch eigene Arbeit zu erwerben. Das ist . . . eine rein persönliche Angelegenheit des betr. Gewerbetreibenden. Bei dem anderen dagegen handelt es sich um das Recht zur Erziehung anderer Personen. Dies greift über den Kreis persönlicher Angelegenheiten und Befugnisse um so mehr hinaus, als der Staat dieses Recht mit gewissen öffentlich-rechtlichen Wirkungen ausgestattet hat und zu seiner Durchführung unter Umständen sogar staatliche Machtmittel zur Verfügung stellt (z. B. § 127d). An dieser grundsätzlichen Verschiedenheit beider Arten des Befähigungsnachweises wird durch den tatsächlichen Umstand nichts geändert, daß in vielen Fällen die Handwerker den Nichtbesitz des Rechtes zur Lehrlingsanleitung als für ihren Betrieb recht störend empfinden und daß auf diese Weise die Vorschrift des ‚kleinen Befähigungsnachweises' allgemein einen nicht unbedeutenden Ansporn zur Zurücklegung eines ordnungsmäßigen und abgeschlossenen Lehrganges bilden dürfte. Eine solche Wirkung könne zudem nur als erwünscht bezeichnet werden." Begr. S. 8.

87) Vgl. Nelken, DJZ. 1907 S. 645.

weisung erfüllt hat, nur noch die Anforderungen zu erfüllen, die das Gesetz für die Anleitungsbefugnis in dem neu ergriffenen Berufe nach der fachlichen Seite hin aufstellt. Dies geschieht, sagt die Begr. S. 8 — da hier der Fall des Eintritts in eine neue Lehrzeit und der demnächstigen Zurücklegung einer neuen Gesellenzeit wohl kaum oder doch nur selten vorkommen wird — dadurch, daß der Handwerker entweder fünf Jahre hindurch persönlich das neue Gewerbe selbständig ausübt oder daß er in seinem Gewerbe — sei es in einer Fabrik, sei es in einem Handwerksbetriebe — während eines gleich langen Zeitraumes als Werkmeister oder in ähnlicher Stellung tätig ist. So ergibt sich die neue Fassung des § 129 Abs. 1 der GewO. aus der folgenden Gegenüberstellung:

Bisherige Fassung:

In Handwerksbetrieben steht die Befugnis zur Anleitung von Lehrlingen nur denjenigen Personen zu, welche das vierundzwanzigste Lebensjahr vollendet haben und in dem Gewerbe oder in dem Zweige des Gewerbes, in welchem die Anleitung der Lehrlinge erfolgen soll,

entweder die von der Handwerkskammer vorgeschriebene Lehrzeit, oder solange die Handwerkskammer eine Vorschrift über die Dauer der Lehrzeit nicht erlassen hat, mindestens eine dreijährige Lehrzeit zurückgelegt und die Gesellenprüfung bestanden haben,

oder fünf Jahre hindurch persönlich das Handwerk selbständig ausgeübt haben oder als Werkmeister oder in ähnlicher Stellung tätig gewesen sind.

Fassung der Novelle vom 30. Mai 1908:

„In Handwerksbetrieben steht die Befugnis zur Anleitung von Lehrlingen nur denjenigen Personen zu, welche das vierundzwanzigste Lebensjahr vollendet **und eine Meisterprüfung (§ 133) bestanden haben. Haben solche Personen die Meisterprüfung nicht für dasjenige Gewerbe oder denjenigen Zweig des Gewerbes bestanden, in welchem die Anleitung der Lehrlinge erfolgen soll, so haben sie die Befugnis dann, wenn sie in diesem Gewerbe oder Gewerbszweige**

entweder die Lehrzeit (§ 130a) zurückgelegt und die Gesellenprüfung bestanden haben,

oder fünf Jahre hindurch persönlich das Handwerk selbständig ausgeübt haben oder **während einer gleich langen Zeit** als Werkmeister oder in ähnlicher Stellung tätig gewesen sind."

Der Unterschied ergibt sich durch die mittelst Fettdruck hervorgehobenen Stellen. Aber auch diejenigen Worte dieser Bestimmung, in denen Änderungen nicht erfolgt sind, sind in ihrer Bedeutung verschoben worden. Denn während vorher die Voraussetzungen der Lehrlingsanleitung erleichtert worden sind, sind die eine solche Erleichterung aussprechenden Sätze zwar beibehalten worden, sie beziehen sich jedoch auf den Fall des Übergangs zu einem neuen Handwerksbetriebe.

Die Folgerung aus dem durch die Novelle vom 30. Mai 1908 gegebenen Rechtszustand ist denn auch schon gezogen worden: Übt jemand auch persönlich selbständig das Handwerk aus, so kann er in Zukunft mit der Anleitung von Lehrlingen ohne Meisterprüfung nicht befaßt werden, ebensowenig, wenn „bloß" langjährige Beschäftigung als Werkmeister oder in ähnlicher Stellung nachgewiesen werden kann. Dies nennt man aber getrost nach wie vor — Gewerbefreiheit.

Gegenüber dem positiven Rechte ist aber die rechtspolitische Erwägung am Platze, ob das beabsichtigte Ziel, Beseitigung der Lehrlingszüchtung und Einschränkung der Lehrlingsausbildung berechtigt und durch die getroffenen Maßnahmen erreichbar sei. In ersterer Beziehung darf man die Berechtigung gesetzlichen Eingreifens gewiß zugeben, aber man muß doch fragen, ob überhaupt Lehrlingszüchterei in nennenswertem Umfange betrieben worden ist. Material hierzu ergeben einige Schriften[88]), wie auch der Kommissionsbericht der Novelle, ferner die anfangs 1905 veranstaltete „Erhebung über die Wirkungen des Handwerkergesetzes"[89]). Danach ergibt sich folgendes Bild: Auf 488 700 Innungsmitglieder fielen im Oktober 1905 nur 264 361 Lehrlinge. Die Zahl der Lehrlinge ist demnach nicht hoch. Ihre Verteilung auf die einzelnen Betriebe ist aber nicht deutlich genug zu erkennen. Es gäbe Personen, die wohl 6—10 Lehrlinge halten. Allein Fälle dieser Art sind immer nur Ausnahmen. Die Zahl der Lernenden im Verhältnis zu der der Lehrenden hält sich in maßvollen Grenzen. So kommen bei der bei weitem größten Anzahl aller Innungen (8297) höchstens bis zu 75 Lehrlinge auf 100 Lehrende (Meister und Gesellen) bei solchen Meistern, welche neben Lehrlingen auch Gesellen hielten und bei den Meistern, welche nur Lehrlinge hielten, kommen auf 100 Meister bei der überwiegenden Mehrzahl (7068) höchstens 150 Lehrlinge, also 1$^1/_2$ Lehrlinge durchschnittlich auf einen Meister. Mehr als 2 Lehrlinge auf einen Lehrenden kommen bei den Gesellen und Lehrlinge haltenden Meistern nur bei 18 Innungen vor, bei den nur Lehrlinge haltenden Meistern bei 352 Innungen. Auch von Seiten eines Regierungsvertreters wurde in der Kommission betont, daß eine Überschreitung des tatsächlichen Bedarfes an Lehrlingen nicht zu befürchten sei. Auf Grund derselben von mir erwähnten Erhebung des Kaiserlich Statistischen Amtes wurde hervorgehoben, daß von je 100 Innungsmitgliedern 24,9 nur Gesellen hielten, nur 22,6 neben Gesellen auch noch Lehrlinge, 12,3 nur Lehrlinge und 40,2 weder Gesellen noch Lehrlinge. Die Zahl der Handwerker, welche nur Lehrlinge hielten, ist verhältnismäßig gering; sie ist auf dem Lande und in den Klein- und Mittelstädten verhältnismäßig erheblich größer als in den Großstädten. Von 100 des gesamten bei den Innungen vorhandenen und handwerksmäßig beschäftigten Personals waren 33,8 Meister, 47,9 Gesellen, 18,3 Lehrlinge.

88) Meyer, Einfluß der Lehrlingshaltung im Handwerk auf die Binnenwanderungen 1907; Reichel, Über Lehrlingszüchtung im Handwerk 1907.

89) Bearbeitet im Kaiserlich Statistischen Amte, Abteilung für Arbeiterstatistik, Berlin 1908, 43 ff. und 134 ff.

Was die Lehrlingsausbildung angeht, so ist sie von der Frage des zur Verfügung stehenden Lehrlingsmaterials nicht zu trennen. Nun ist es eine bekannte Tatsache, daß die Industrie einen großen Teil der handwerksmäßig ausgebildeten Lehrlinge aufnimmt und daß der industriereiche Westen und die großen Städte ihren Mangel an handwerksmäßig ausgebildeten Kräften aus dem Überschuß des Ostens und der kleinen Städte ergänzen.

Wie gering die Lehrlingshaltung bezw. wie stark der Lehrlingsmangel z. B. in Berlin ist, geht aus den folgenden Angaben des Geschäftsberichtes der Berliner Handwerkskammer für 1905/06 S. 27/61 hervor: Zur Glaserinnung gehören 609 Meister mit 285 Lehrlingen; zur Malerinnung 1219 Meister mit 502 Lehrlingen; zur Sattler- und Täschnerinnung 621 Meister mit 185 Lehrlingen; zur Schneiderinnung 5825 Meister mit 483 Lehrlingen; zur Stellmacherinnung 316 Meister mit 44 Lehrlingen; zur Tapezierinnung 1450 Meister mit 588 Lehrlingen; zur Tischlerinnung 2400 Meister mit 2360 Lehrlingen; zu den Bäckerinnungen 2354 Meister mit 1084 Lehrlingen; zu den Barbier-, Friseur- und Perückenmacherinnungen 1594 Meister mit 625 Lehrlingen; zur Klempnerinnung 600 Meister mit 353 Lehrlingen; die Zahl der Fleischerlehrlinge beträgt nur 139. Besteht aber weder eine Lehrlingszüchtung in nennenswertem Maße, andererseits aber ein Lehrlingsmangel, so hat die „Einschränkung der Lehrlingsausbildung“ doch keinen ersichtlichen Zweck.

Was die Wirkung der ganzen Maßregel betrifft, so ist durch nichts widerlegt, daß der § 129 Abs. 1 zu einem Gebaren gewisser Personen führt, die die Meisterprüfung nicht ablegen wollten oder konnten, die statt der Lehrlinge „jugendliche Arbeiter“ einstellen und handwerksmäßig beschäftigen, jedoch unter dem Vorwande, sie zu Fabrikarbeitern, z. B. durch Beschäftigung an den Maschinen, auszubilden. Was demnach in Wirklichkeit erzielt wird, ist eine Stärkung des zünftischen Einschlags, eine Einschränkung der Konkurrenz innerhalb der Handwerksmeister und auf die Dauer ein gewisses sicherlich ungewolltes Abtreiben von Personen, die die Meisterprüfung nicht ablegen wollen oder können, in die Industrie.

Juristisch wesentlich erscheint, daß nur die Anleitung, d. h. die Beaufsichtigung und Unterweisung von Lehrlingen in § 129 Abs. 1 geregelt ist. Demnach nicht das Halten von Lehrlingen, das von der Anleitung begrifflich verschieden ist. So sprechen die §§ 126 und 126a von der Befugnis zum Halten oder zur Anleitung von Lehrlingen. An sich kann demnach jemand Lehrlinge halten, der nicht das Recht zur Anleitung besitzt, sodaß diese dann durch einen hierzu Berechtigten zu geschehen hat. Von Wichtigkeit ist dies in den Fällen der Fortführung des Gewerbes durch Witwen oder minderjährige Erben (s. u. S. 82—84). Nicht Anleitung ist ferner nach der ausdrücklichen Bestimmung des § 129 Abs. 4 (bisher Abs. 3), der unverändert geblieben ist, die Unterweisung des Lehrlings in einzelnen technischen Handgriffen und Fertigkeiten durch einen Gesellen.

2. Ausnahmen von den strengen Erfordernissen des Abs. 1 kann der Bundesrat für einzelne Gewerbe nach Anhörung der Handwerkskammern zulassen. Erforderlich ist demnach ein Antrag, wobei zweifelhaft bleibt, wer als Antragsteller in Frage kommt, da das „einzelne Gewerbe" als solches nicht als Rechtsperson organisiert ist.

Je strenger die Voraussetzungen für die Anleitung zum Handwerk durch die Novelle geworden sind, desto größer ist die Bedeutung der Ausnahmen, welche von der Verwaltungsbehörde zugelassen werden können. Nach bisherigem Recht konnte die höhere Verwaltungsbehörde Personen, welche den bisherigen Anforderungen an die Lehrlingserziehung nicht entsprechen, die Befugnis hierzu verleihen. Nach der Novelle kann sie dies nur in widerruflicher Weise. Wenn der 1. Satz des § 129 Abs. 2 nur durch das Wörtlein „widerruflich" geändert zu sein scheint, so ist doch eine Verschiebung eingetreten, weil ja die Ausnahme gegenüber den erhöhten Anforderungen Platz greifen soll, und die Anträge auf Zulassung solcher Ausnahmen gegenüber früher häufiger sein müssen. Der Regierungsentwurf ging davon aus, daß die Aufrechterhaltung der Befugnis nicht im Widerspruche steht mit dem Grundgedanken der Novelle. Die höhere Verwaltungsbehörde werde davon nur da Gebrauch machen, wo sie den betreffenden Handwerker für ausreichend befähigt zur Anleitung von Lehrlingen erachtet. Sie ist demnach der Ansicht, daß die Befähigung selbst gleichfalls vorhanden sein muß, nur daß sie auf eine andere als die regelmäßige Weise erworben ist und dargetan wird. Man sollte jedoch glauben, daß, wenn es lediglich auf die materielle Befähigung und nicht auf die Ablegung einer Meisterprüfung ankommen sollte, der neue besprochene Abs. 1 des § 129 eigentlich überflüssig erscheinen müßte. So ist denn trotz gegenteiliger Behauptung der Begründung ein Widerspruch vorhanden, der lediglich nur dazu dienen wird, die mit der bisherigen Regelung unzufriedenen Kreise zu weiterer Agitation zu veranlassen. Sie werden darin einen besonderen Hebel ihrer Wünsche erblicken können, daß man in der Tat auf halbem Wege stehen geblieben ist. Wie sehr die Richtung auf Privilegierung des Meistertitels in eine gefährliche Richtung drängt, beweist das Beispiel der Regierungsvorlage selbst, nämlich der Hinweis auf solche Personen, die das Handwerk bereits geraume Zeit hindruch selbständig und persönlich ausgeübt haben, oder die nach längerer Tätigkeit als Werkmeister oder dergl. in Fabriken eine Beschäftigung im Handwerk ergreifen. Es finden erfahrungsgemäß in den oft recht schwierigen und verantwortlichen Stellungen der Fabrikwerkmeister usw. vielfach durchaus geübte und erprobte Kräfte Verwendung, die nach längerer Ausfüllung ihrer Stellung an Kenntnissen und Erfahrungen gereift genug erscheinen, um als geeignete Lehrmeister für den Nachwuchs ihres Gewerbes auch in dessen handwerksmäßiger Betriebsweise auftreten zu können. Auch faßte man unter der Bezeichnung als Werkmeister usw. Personen von so verschiedenartiger Vor- und Durchbildung zusammen, daß es geraten erschien, die Zulassung solcher Personen zur Anleitungsbefugnis von der Prüfung des einzelnen Falles abhängig zu machen (Begr. S. 9). Nicht ohne Bedenken ist die vom Regierungsentwurf nicht beabsichtigte aber in die Novelle aufgenommene Widerruflichkeit einer solchen Zulassung. Wenn zu ihrer Begründung angeführt wurde, daß sich Mißgriffe bei der Verleihung der Befugnis kaum werden vermeiden lassen und es daher notwendig sei, die Verleihung einer Anleitungsbefugnis an Personen, welche den regelrechten Voraussetzungen nicht entsprechen, nur widerruflich zuzulassen, so ist dies vom Standpunkte der konsequenten Durchführung einer Privelegierung der Meisterprüfung durchaus verständlich. Wenn man aber meint, daß eine Sicherheit gegen eine mißbräuchliche Ausnutzung und die Möglichkeit jederzeitiger Korrektur der Verleihung geschaffen werden solle, so wiegt dieser Vorteil, eine sorgfältige und eingehende Prüfung der höheren Verwaltungsbehörde vorausgesetzt, den erheblichen Mißbrauch, der eine Folge der Widerruflichkeit sein kann, nicht auf. Es ist leicht zu erkennen, daß es außerordentlich hart ist, einem Handwerker, der jahrelang die Befugnis zur Anleitung von Lehrlingen auf Grund des § 129 Abs. 2 besitzt, sie wieder nachträglich zu entziehen. Schon der Gedanke, daß diese Möglichkeit besteht, würde „wie ein Damoklesschwert beständig über einem solchen Handwerker schweben“. In der Kommissionsberatung wurde mit Recht betont, daß der jederzeitige Widerruf eine Quelle bösartiger Schikanen und Denunziationen sein werde und zu Maßnahmen führen könnte, die den Schein von Maßregeln oder Schädigungen wegen politischer Parteizugehörigkeit und Mißliebigkeit trügen. Die Widerruflichkeit erscheint um so gefährlicher, als nach dem jetzigen Wortlaute des § 129 Abs. 2 Satz 2 vor der Entscheidung über die Erteilung der Befugnis oder den Widerruf die Handwerkskammer und, wenn die Person einer Innung angehört oder an ihrem Wohnort für ihren Gewerbszweig eine Innung besteht, außerdem die Innung zu hören ist. Wenn demnach die Erteilung der Anleitungsbefugnis ohne Meisterprüfung tatsächlich erfolgt, so sind schon so vielseitige Voraussetzungen erfüllt, daß die Widerruflichkeit als Unrecht erscheint. Hinzu kommt aber noch, daß die neue Regelung mit dem Gedanken wie selbstverständlichem operiert, jemand, der als Handwerker die Meisterprüfung bestanden habe, bedürfe einer solchen in dem Widerruf liegenden Kontrolle nicht. Es ist dies wiederum folgerichtig, beruht aber nicht minder auf dem merkwürdigen Irrtum, als wenn das Bestehen eines Examens für alle Zeiten die Gewähr der Erziehungsfähigkeit bieten würde.

3. Eingeführt ist nicht nur eine widerrufliche, sondern eine von vornherein zeitlich beschränkte Verleihung des Anleitungsrechtes, und zwar in zwei Fällen.

A. Nachdem der § 45 GewO. bestimmt hatte, daß die Befugnisse zum stehenden Gewerbebetrieb durch einen Stellvertreter ausgeübt werden können, diese jedoch den für das fragliche Gewerbe vorgeschriebenen Erfordernissen genügen müssen, hat der § 46 zu gunsten der Witwe und des minderjährigen Erben bestimmt, daß das Gewerbe durch einen qualifizierten Stellvertreter betrieben werden kann. § 87a Abs. 3, der unter den allgemeinen Vorschriften über die Innungen steht, hat hierauf bestimmt, daß, wenn nach dem Tode eines Innungsmitgliedes dessen Gewerbe für Rechnung „deren“ Witwe oder minderjährigen Erben fortgesetzt wird, die Befugnisse und Obliegenheiten des Verstorbenen mit Ausnahme des Stimmrechts auf die Witwe während des Witwenstandes, bezw. auf die minderjährigen Erben für die Dauer der Minderjährigkeit übergehen. Durch Statut kann sogar der Witwe oder dem Stellvertreter das Stimmrecht eingeräumt werden[90]). In derselben Richtung bewegen sich die neuen Vorschriften des § 129 Abs. 3 Satz 1: „In Handwerksbetrieben, welche nach dem Tode des Gewerbetreibenden für Rechnung der Witwe oder minderjähriger Erben fortgesetzt werden, sind bis zum Ablaufe eines Jahres nach dem Tode des Lehrherrn als Vertreter (§ 127 Abs. 1) zur Anleitung von Lehrlingen auch Personen befugt, welche eine Meisterprüfung nicht bestanden haben, sofern sie im übrigen den Anforderungen des Abs. 1 Satz 2[91]) entsprechen“. Die Beweggründe der Einführung dieser Bestimmung sind besonders lehrreich und hängen nicht etwa allein mit dem beabsichtigten Schutz der Witwen und Waisen zusammen, sondern damit, daß durch die scharfen Bestimmungen über die Lehrlingsanleitung Mangel an geeigneten Lehrherren zu erwarten war. Der bisherige Rechtszustand, so betonte die Reichsregierung, machte keine Ausnahmevorschriften für die Fälle nötig, in denen durch den Tod des Lehrherrn in dem betreffenden Handwerksbetriebe die zur Anleitung befugte Person fortfiel. Und weshalb nicht? „Es konnte in der Person jedes Gesellen, der die Gesellenprüfung abgelegt hatte, leicht Ersatz geschaffen werden“. Obwohl hierdurch nun nicht der geringste Schaden eingetreten ist, erschien offenbar dem zünftischen Geiste dieser Ersatz eben zu leicht, zu einfach. Man „mußte“ also die Voraussetzungen für die Eigenschaften des Lehrherrn vermehren, um dadurch die Gefahr eines Mangels an Lehrherren herbeizuführen! Denn künftighin, so wird zugestanden, wird es erheblich schwerer fallen, geeignete Vertreter zu finden, da dafür im allgemeinen nur der (doch vom Gesetz künstlich und unnötiger Weise!) beschränkte Kreis derjenigen Personen in Betracht komme, die schon die Befugnis zur Führung des Meistertitels besitzen, gleichwohl aber das Handwerk nicht selbständig betreiben. Hierbei wird denn auch in der Begründung S. 9 hervorgehoben, daß das Recht zur Führung des Meistertitels nicht abhängig ist von der Tatsache der selbständigen Ausübung des Gewerbes. Nun ist es aber aus dem angegebenen Grunde geboten, hier besondere Rücksicht auf die Verhältnisse der Witwe und der minderjährigen Erben zu nehmen. Mit der Zubilligung einer Frist von einem vollen Jahre glaubt man den Schwierigkeiten der Beschaffung einer dauernd geeigneten Stellvertretung des Lehrherrn für den Regelfall angemessen und ausreichend Rechnung getragen zu haben. Außer

90) Vgl. Schultzenstein, Persönliche gewerbliche Konzession und Erbrecht. VerwArch. Bd. 10 S. 113—184.

91) Siehe oben S. 78.

dieser zeitlichen Beschränkung ist demnach erforderlich, daß es sich um einen Handwerksbetrieb handelt, wobei wieder die Abgrenzung gegenüber der Fabrik Schwierigkeiten begegnen dürfte. Ferner, daß diese Betriebe nach dem Tode des Gewerbetreibenden, der zur Anleitung von Lehrlingen offenbar vom Gesetze für befugt gehalten wird, für Rechnung der Witwe oder minderjährigen Erben fortgesetzt werden. Endlich müssen die Vertreter das 24. Jahr vollendet und entweder die Lehrzeit zurückgelegt und die Gesellenprüfung bestanden, oder 5 Jahre hindurch persönlich das Handwerk selbständig ausgeübt haben, oder während einer gleichlangen Zeit als Werkmeister oder in ähnlicher Stellung tätig gewesen sein. Dies ergibt sich aus der Verweisung des § 129 Abs. 3 Satz 3 auf Abs. 1 Satz 2. Das Erfordernis scheint, besonders wenn man es mit dem der §§ 46 und 87a vergleicht, überaus streng. Warum man sich nicht mit dem Erfordernis einer Vollendung des 24. Lebensjahres und dem Bestehen der Gesellenprüfung hätte begnügen können, ist nicht ersichtlich.

Die zeitliche Grenze von einem Jahre kann aber von der höheren Verwaltungsbehörde verlängert werden. Erforderlich ist hierzu Anhörung der Handwerkskammer. Gedacht ist an „Bedürfnisse des einzelnen Falles" (§ 129 Abs. 3 Satz 3), wo nach Lage der Dinge die Beschaffung eines die strengen Voraussetzungen des Abs. 1 erfüllenden Erziehers auch nach einem Jahre noch auf Schwierigkeiten stößt.

B. Eine Verleihung des Anleitungsrechts auf Zeit kann auch erfolgen „in anderen Fällen". Wer sich nicht um die als Auslegungsmittel vielfach geschmähten Gesetzesmaterialien kümmert, weiß schlechterdings nicht, was diese Worte zu bedeuten haben. Denn nach dem Wortlaute kann die untere Verwaltungsbehörde den im Falle A als geeignet bezeichneten Personen als Vertretern des Lehrherrn auch in anderen Fällen bis zur Dauer eines Jahres die Befugnis zur Anleitung von Lehrlingen ganz nach freiem Ermessen erteilen (Abs. 3 Satz 2). In Wirklichkeit aber handelt es sich um etwas anderes. Außer dem besonders geregelten Falle des Todes können nämlich auch sonst, z. B. bei Behinderung des Lehrherrn durch längere Abwesenheit oder Krankheit, oder beim Ausscheiden seines bisherigen Vertreters aus dem Gewerbebetriebe, die Umstände den alsbaldigen Ersatz des Lehrherrn durch einen allen Anforderungen des Abs. 1 entsprechenden Vertreter behindern. Es liegt nun[92]) nicht nur im Vorteile des betreffenden Betriebes, wenn hier in ähnlicher Weise mildere Anforderungen an die Befähigung des Vertreters gestellt werden, sondern namentlich auch in dem der Lehrlinge selbst, denen andernfalls jedesmal der lästige Übertritt in ein neues Lehrverhältnis zugemutet werden müßte. Die Erteilung der Anleitungsbefugnis ist hier sogar der unteren Verwaltungsbehörde übertragen worden, und es wird Gewicht darauf gelegt, daß sie beachten solle, die Umgehung der Fristbestimmung von einem Jahre durch alsbaldige Wiederholung des Antrages kurz nach Ab-

92) Begründung S. 10.

lauf der Frist zu verhindern. Eine Verlängerung der Frist ist ebenso statthaft, wie in den Fällen der Vertretung des verstorbenen Gewerbetreibenden[92]).

4. Schon der bisherige Gesetzestext[93]) ermöglichte die Zurücklegung der Lehrzeit in einem dem Gewerbe angehörigen Großbetrieb und den Ersatz durch Besuch einer Lehrwerkstätte oder sonstigen gewerblichen Unterrichtsanstalt. Die Erfordernisse sind nunmehr auch schärfer gefaßt, indem auf staatliche oder staatlich unterstützte oder anerkannte Lehrwerkstätten abgehoben wird. So bestimmt der Abs. 5 des § 129, in dem der 2. Satz vollständig neu ist:

> „Die Zurücklegung der Lehrzeit kann auch in einem dem Gewerbe angehörenden Großbetrieb erfolgen und durch den Besuch einer staatlichen oder staatlich unterstützten oder vom Staate anerkannten Lehrwerkstätte oder sonstigen gewerblichen Unterrichtsanstalt ersetzt werden. Vor der Anerkennnug einer sonstigen gewerblichen Unterrichtsanstalt soll der zuständigen Handwerkskammer Gelegenheit gegeben werden, sich gutachtlich zu äußern".

Der Abs. 6 des § 129 entspricht in seinem 1. Satze wörtlich dem 2. Satze des bisherigen Abs. 4: „Die Landes-Zentralbehörden können den Prüfungszeugnissen von Lehrwerkstätten, gewerblichen Unterrichtsanstalten oder von Prüfungsbehörden, welche vom Staate für einzelne Gewerbe oder zum Nachweise der Befähigung zur Anstellung in staatlichen Betrieben eingesetzt sind, die Wirkung der Verleihung der im Abs. 1 bezeichneten Befugnis für bestimmte Gewerbszweige beilegen". Allein wir erfahren wiederum aus den Gesetzesmaterialien, daß die Bedeutung dieses Satzes im Zusammenhang mit den vorangegangenen Bestimmungen dieses Paragraphen eine andere geworden ist. Die Anstalten und Einrichtungen der im früheren Abs. 4 a. a. O. bezeichneten Art stellen bei ihren Prüfungen in den verschiedenen Bundesstaaten und zum Teil auch innerhalb desselben Bundesstaates sehr verschiedene Anforderungen. Für die Anwendung der bisherigen Vorschrift des Abs. 4 auf den Einzelfall war es ausreichend, wenn die betreffende Anstalt oder Einrichtung nach dem Ermessen der zuständigen Landes-Zentralbehörde Anforderungen bei der Prüfung stellen, die denen bei der Gesellenprüfung mindestens gleichwertig waren. Dann war es berechtigt, dem Prüfungszeugnisse die Wirkung der Verleihung der Anleitungsbefugnis beizulegen, da auch für den regelmäßigen Erwerb der letzteren das Bestehen der Gesellenprüfung ausreichte. Das bisherige Gesetz erwähnte die fraglichen Anstalten und Einrichtungen dann nur noch im letzten Absatze des § 133, der aber nur diejenigen von ihnen im Auge hatte, deren Prüfungsanforderungen den Anforderungen bei der Meisterprüfung gleichkamen (Begr. S. 10, 11). Nachdem aber Abs. 1 des § 129 die Voraussetzungen für den Erwerb der Anleitungsbefugnis wesentlich erhöht hat, müssen sich in gleichem Maße auch die Anforderungen für die hier be-

92) Begründung S. 10.

93) § 129 Abs. 4 Satz 1.

sprochenen Prüfungszeugnisse steigern. „Dies wird nicht allein da zu beachten sein, wo solchen Prüfungszeugnissen die in Rede stehende Wirkung in Zukunft erst erteilt werden soll, vielmehr bedarf es auch der Nachprüfung seitens der Landes-Zentralbehörden, inwieweit Prüfungszeugnissen dieser Art die ihnen bisher beigelegte Wirkung fernerhin belassen werden kann“.

Der Eintritt der in Abs. 6 Satz 1 (s. o. S. 85) bezeichneten Wirkungen ist davon abhängig zu machen, daß der Besitzer des Prüfungszeugnisses in dem Gewerbe oder in dem Zweige des Gewerbes, in welchem die Anleitung der Lehrlinge erfolgen soll, eine bestimmte, auf nicht mehr als 3 Jahre festzusetzende Zeit hindurch persönlich tätig gewesen ist (Abs. 6 Satz 1). Die Landes-Zentralbehörden haben daher eine gewisse Beschränkung hinsichtlich der Erteilung der Wirkung von Prüfungszeugnissen. „Sofern danach die der Prüfung vorangegangene praktische Tätigkeit im Berufe nicht als ausreichend zu gelten hat, wird ihre angemessene Ergänzung in der Zeit nach Erlangung des Zeugnisses als weitere Vorbedingung für den Erwerb der Anleitungsbefugnis vorzuschreiben sein“.

Die Schwierigkeit einer Abgrenzung der Gewerbe hinsichtlich der Lehrlingserziehung erforderte schon bisher eine sorgfältige Regelung. Man unterschied das verbundene oder kombinierte Gewerbe, die Spezialitäten und die verwandten Gewerbe. Bezüglich der letzteren galt seit dem Handwerkergesetz (§ 129a Abs. 3) daß, wer für ein Gewerbe den Voraussetzungen des § 129 entspricht, berechtigt ist, auch in den diesem verwandten Gewerben Lehrlinge anzuleiten. Auch nach der Novelle von 1908 soll es hierbei verbleiben. Hinsichtlich der Anleitung von Lehrlingen in Spezialitäten galt (§ 129a Abs. 2), daß, wer für einen gesondert betriebenen Zweig eines Gewerbes den Voraussetzungen des § 129 entspricht, berechtigt ist, auch in den übrigen Zweigen des nämlichen Gewerbes Lehrlinge anzuleiten. Auch hierbei sollte es bewenden. Anders aber hinsichtlich der verbundenen Gewerbe. Solche liegen vor, wenn ein Handwerksmeister mehrere untereinander nicht verwandte Gewerbe in einem Betriebe vereinigt, sei es, daß die verschiedenen Gewerbe die Fertigstellung eines gemeinsamen Erzeugnisses bezwecken (z. B. beim Wagenbau), sei es, daß ihre Vereinigung nur auf zufälligen örtlichen oder persönlichen Verhältnissen beruht, z. B. beim Betrieb einer Bäckerei neben einer Schlächterei.

Bisher war nach § 129a Abs. 1 rechtens, daß der Unternehmer befugt war, in allen zu dem Betriebe vereinigten Gewerben Lehrlinge anzuleiten, wenn er nur für eines dieser Gewerbe den Voraussetzungen des § 129 entsprach. Diese Vorschrift hatte zunächst einen einleuchtenden Grund. „Wenn, so sagten die Motive zu jenem Paragraphen, die Anleitung der Lehrlinge auch in diesen Fällen nur in denjenigen Gewerben stattfinden dürfte, in welchen der Unternehmer den Anforderungen des § 129 entspricht, so würde namentlich auf dem Lande, wo der Betrieb mehrerer Gewerbe vielfach die Regel bildet, die Annahme von Lehrlingen und der Betrieb überhaupt außerordentlich erschwert werden“[94]). Aber auch diese Gesetzesnovelle hat ihr Schicksal. Es hängt zusammen mit § 129 Abs. 4, einer allgemein als „sehr dunkel“, genauer, als unverständlich bezeichneten Vorschrift: „Das gemäß § 131c Abs. 2 dem Prüfungsausschusse vorzulegende Lehrzeugnis darf nur für dasjenige Gewerbe ausgestellt werden, für welches der Lehrherr oder sein Vertreter (§ 127 Abs. 1) zur Anleitung von Lehrlingen befugt ist“. Dieser Absatz war s. Z. in dem Regierungsentwurf nicht enthalten, ist vielmehr erst durch die Kommission eingefügt worden[95]). Nun entstanden Zweifel darüber, ob der Lehrherr das Zeugnis nur für dasjenige Gewerbe ausstellen darf, in dem er sich die im § 129 vorgesehene Lehrbefähigung erworben hat oder auch für die daneben betriebenen Gewerbe, in denen er die Lehrlinge lediglich auf Grund der besonderen Bestimmungen des § 129a Abs. 1—3 ausbilden darf. Der Antragsteller scheint damals das Recht zur Zeugnisausstellung im Sinne der ersteren Auffassung haben einschränken zu wollen. Allein die Reichsregierung stellt zur Begründung in der Novelle vom 30. Mai 1908 fest, daß im Wortlaute des Abs. 4 diese mutmaßliche Absicht tatsächlich nicht zum Ausdrucke gelangt ist, denn dort ist ohne eine Bezugnahme auf den § 129 allgemein von demjenigen Gewerbe die Rede, „für welches der Lehrherr oder sein Vertreter (§ 127 Abs. 1) zur Anleitung von Lehrlingen befugt ist“. Auch würde bei der bezeichneten Auslegung Abs. 4 a. a. O. in schwer löslichem Widerspruche zu § 127c und § 131c Abs. 2 stehen. Auch müßte eine solche Auslegung zu einer Schädigung des Lehrlings führen, die der Gesetzgeber unmöglich ausdrücklich hat gutheißen wollen. Denn der Lehrling würde seine ganze Lehrzeit ohne Nutzen für sein späteres Fortkommen dann verbracht haben, wenn er nach ihrem Ablaufe zur Gesellenprüfung nicht zugelassen werden dürfte. In der preußischen Ausführungsanweisung zur GewO. Ziff. 203 heißt es denn auch: „Die Berechtigung zur Ausstellung des dem Prüfungsausschusse gemäß § 131c Abs. 2 vorzulegenden Lehrzeugnisses erstreckt sich auf alle Gewerbe, für die dem Lehrherrn oder seinem Vertreter die Befugnis zur Anleitung von Lehrlingen, sei es nach § 129, sei es nach § 129a Abs. 1—3 oder nach Art. 7 des Gesetzes vom 26. Juli 1897, zusteht; sie ist mithin nicht auf das Gewerbe beschränkt, für das der Lehrherr den Voraussetzungen des § 129 entspricht“. Ebenso hat sich auch der preuß. Ministerialerlaß vom 21. Juni 1902 (MBl. d. H. u. GewVerw. S. 260) für diese Auslegung entschieden, also dafür, daß der Lehrherr das Zeugnis auch für die daneben betriebenen Gewerbe ausstellen darf. Nun erscheint aber auf diese Weise wiederum die Vorschrift des Abs. 4 gegenstandslos; deshalb müßte sie gestrichen werden. Hinsichtlich des Abs. 1 aber verhält sich die Sache anders und zwar ist der Gesichtspunkt nicht aufgegeben worden, daß es bei kombinierten Betrieben, namentlich auf dem Lande, die Lehrlingshaltung außerordentlich erschweren würde, wenn der für das eine Gewerbe anzuleitende

---

94) Auch die Begründung der Novelle vom 30. Mai 1908, Drucksachen des Reichstags Nr. 350 S. 12.

95) Für das Folgende siehe a. a. O. S. 11.

Lehrling nicht auch zu Arbeiten für die anderen Gewerbe mit herangezogen werden dürfte. Allein die Regierung stand auf dem Standpunkt, daß eine solche Heranziehung, wenn sie nicht ganz regel- und planmäßig erfolge und unter der Leitung fachlich ausreichend befähigter Personen steht, keineswegs eine ordnungsmäßige Anleitung in dem Gewerbe ersetzt. Überdies führe § 129a Abs. 1 in seiner damaligen Fassung und in seinem Verhältnisse zu § 129 zu unhaltbaren Folgen. Nach dem ersteren nämlich könne ein für ein Gewerbe anleitungsberechtigter Lehrherr, wenn er neben diesem noch ein anderes, wenn auch noch so verschiedenartiges Gewerbe beginnt, in letzterem sofort Lehrlinge anleiten. Gibt er aber das bisherige Gewerbe ganz auf und widmet sich völlig dem neuen, so verliert er bis zum Ablaufe des 5. Jahres in diesem die Lehrbefugnis bezw. erhält sie darin erst mit diesem Zeitpunkte. Deshalb ist man dazu übergegangen, die Lehrbefähigung in verbundenen Gewerben nicht wie bei verwandten Gewerben und bei Einzelzweigen desselben Gewerbes ohne weiteres zu gewähren, sondern sie von einer behördlichen Prüfung der besonderen Verhältnisse des Einzelfalles abhängig zu machen. So bestimmt der neue, jetzt dritte Absatz des § 129a in seinem ersten Satze: „Dem Unternehmer eines Betriebes, in welchem mehrere Gewerbe vereinigt sind, kann die untere Verwaltungsbehörde nach Anhörung der Handwerkskammer die Befugnis erteilen, in allen zu dem Betriebe vereinigten Gewerben oder in mehreren dieser Gewerbe Lehrlinge anzuleiten, wenn er für eines der Gewerbe den Voraussetzungen des § 129 entspricht.“ Des weiteren ist noch beabsichtigt gewesen, das Recht des Lehrherrn dahin zu begrenzen, daß dadurch die Prüfung des Lehrlings in dem Gewerbe, in dem er angeleitet werden soll, nicht beeinträchtigt werden darf. Und so ist denn der fogende Satz hinzugetreten: „Zu Arbeiten in denjenigen Gewerben seines Betriebes, für welche er zur Anleitung von Lehrlingen nicht befugt ist, darf er die Lehrlinge nur insoweit heranziehen, als es dem Zwecke der Ausbildung in ihrem Gewerbe nicht widerspricht“.

II. Die Gesellenprüfung insbesondere.

Der § 131 GewO. sagt in seinem ersten Absatze: „Den Lehrlingen ist Gelegenheit zu geben, sich nach Ablauf der Lehrzeit der Gesellenprüfung (§ 129 Abs. 1) zu unterziehen.“ Man muß wieder einmal die Gesetzesmaterialien, diesmal den Kommissionsbericht, zu Hilfe nehmen, um zu erfahren, daß hier nicht, wie es den Anschein hat, eine zu gunsten der Lehrlinge eingeführte Bestimmung vorliegt, sondern daß gemeint ist: Es müsse für die Einrichtung von Prüfungsausschüssen überall da, wo es das Bedürfnis erfordert, gesorgt werden. Anderweit und getrennt durch zwei Paragraphen (§ 131a und b) und durch insgesamt 9 Absätze derselben war vorgeschrieben: „Die Innung und der Lehrherr sollen den Lehrling anhalten, sich nach Ablauf der Lehrzeit der Gesellenprüfung (§ 129 Abs. 1) zu unterziehen“ (§ 131c Abs. 1). Die Novelle vom 30. Mai 1908 ist damit noch nicht zufrieden. Sie formuliert jetzt als geltendes Recht: „Der Lehrling soll sich nach Ablauf der Lehrzeit der Gesellenprüfung unterziehen. Die Innung und der Lehrherr sollen ihn dazu anhalten". Was die Änderung rechtlich bedeutet, ist schwer zu sagen: Nach wie vor kann doch ein unmittelbarer Zwang zur Ablegung der Prüfung nicht ausgeübt werden, und die nachteiligen Folgen einer Unterlassung waren schon nach bisherigem Rechte vorhanden, insbesondere die Unmöglichkeit, Lehrlinge anzuleiten, die Meisterprüfung zu bestehen, an den Geschäften der Zwangsinnung teilzunehmen usw. (§§ 129 Abs. 1, 133, 100r Abs. 2).

Aber zurück zu § 131! Nach dem eben vorgeführten 1. Absatze ist nunmehr folgender zweiter Absatz eingefügt worden: „Die Landes-Zentralbehörden können den Prüfungszeugnissen von Lehrwerkstätten, gewerblichen Unterrichtsanstalten oder von Prüfungsbehörden, welche vom Staate für einzelne Gewerbe oder zum Nachweise der Befähigung zur Anstellung in staatlichen Betrieben eingesetzt sind, die Wirkung der Zeugnisse über das Bestehen der Gesellenprüfung beilegen." Die Mindestanforderungen an die Prüfungszeugnisse des § 129 sind, wie wir gesehen haben, erhöht worden. Nun gibt es aber, wie die Begr. S. 13 darlegt, Lehrwerkstätten, gewerbliche Unterrichtsanstalten und staatlich eingesetzte Prüfungsbehörden, die bei ihren Prüfungen Anforderungen stellen, die zwar nicht den für den Erwerb der Anleitungsbefugnis erforderlichen, wohl aber denjenigen Anforderungen gleichwertig sind, die bei der Gesellenprüfung gestellt zu werden pflegen. Sollten den betreffenden Prüfungszeugnissen, wie dies sachlich berechtigt sei, auch die entsprechende Wirkung beigelegt werden, so mußte dies ausdrücklich im Gesetz ausgesprochen werden. Dies geschah nun in der erwähnten Neuerung des § 131[96]).

III. Der Meistertitel.

Der § 133 GewO., den die Handwerkernovelle eingeführt hat, gestattet die Führung des Meistertitels in Verbindung mit der Bezeichnung eines Handwerks nur, wenn sie in ihrem Gewerbe die Befugnis zur Anleitung von Lehrlingen erworben und die Meisterprüfung bestanden haben. Zu dieser waren sie in der Regel zuzulassen, wenn sie mindestens drei Jahre als Geselle (Gehilfe) in ihrem Gewerbe tätig gewesen sind. Wer unbefugt den Meistertitel führt, wird mit Geldstrafe bis zu 150 Mk. und im Unvermögensfalle mit Haft bis zu 4 Wochen bestraft (§ 148 Nr. 9c). Bei der Anwendung dieser Vorschrift durch Richter und Verwaltungsbehörden nahm man, m. E. durchaus mit Recht, an, daß der Meistertitel den gesetzlichen Schutz nur dann genießt, wenn er in Verbindung mit der Bezeichnung eines bestimmten einzelnen Handwerks

96) Die erfolgte Einschaltung eines zweiten neuen Absatzes in § 131 bedingte die Änderung des Einganges des letzten Absatzes, sowie der Anführung in seinem letzten Satze. Er lautet nunmehr folgendermaßen: „Die Abnahme der Gesellenprüfungen (Abs. 1) erfolgt durch Prüfungsausschüsse. Bei jeder Zwangsinnung wird ein Prüfungsausschuß gebildet, bei anderen Innungen nur dann, wenn ihnen die Ermächtigung zur Abnahme der Prüfungen von der Handwerkskammer erteilt ist. Soweit für die Abnahme der Prüfungen für die einzelnen Gewerbe nicht durch Prüfungsausschüsse der Innungen und die im §129 Abs. 2 bezeichneten Lehrwerkstätten, gewerblichen Unterrichtsanstalten und Prüfungsbehörden gesorgt ist, hat die Handwerkskammer die erforderlichen Prüfungsausschüsse zu errichten."

gebracht sei, dagegen nicht, wenn er zusammengesetzt wird mit Bezeichnungen, unter denen der allgemeine und der örtliche Sprachgebrauch die Tätigkeit in verschiedenen Handwerksarten zusammenzufassen pflegt. Wer also weder das Lehrlingsanleitungsrecht besaß, noch die Meisterprüfung bestanden hatte, konnte sich zwar nicht Maurer- oder Zimmermeister nennen, wohl aber Baumeister oder Baugewerksmeister, weil „Bau" und „Bauwerk" nicht ein einzelnes bestimmtes Handwerk sei. Das soll nun, wie der Regierungsentwurf der hier fraglichen Novelle meint, zur Irreführung des Publikums und zu einem inneren Widerspruche des Gesetzes führen, weil in manchen Gegenden die letzterwähnten Bezeichnungen aus dem Baugewerbe nur bei solchen Personen üblich sind, die eine weitere Ausbildung, als in einem einzelnen Handwerk, so die im Maurer- und Zimmerergewerbe, genossen haben. Werde aber so der nach außenhin bedeutsamer erscheinende Titel nicht geschützt, wohl aber der minderbedeutsame, so liege darin unverkennbar ein Widerspruch, den der Gesetzgeber beseitigen müsse. Nun beschränkt sich die Novelle aber auf die Regelung des Titels Baumeister und Baugewerksmeister. Beschwerden in nennenswertem Umfange seien nur aus dem Baugewerbe laut geworden; auch habe hier der erweiterte Schutz der Bezeichnung für die nachweislich befähigten Unternehmer wegen der mit dem Baugewerbe verbundenen erhöhten Betriebsgefahren seine besondere Berechtigung.

Die Änderung des bisherigen Rechtszustandes ergibt folgende Gegenüberstellung:

Bisheriger Text des § 133 Abs. 1:

Den Meistertitel in Verbindung mit der Bezeichnung eines Handwerks dürfen nur Handwerker führen, wenn sie in ihrem Gewerbe die Befugnis zur Anleitung von Lehrlingen erworben (§ 129) und die Meisterprüfung bestanden haben. Zu letzterer sind sie in der Regel nur zuzulassen, wenn sie mindestens drei Jahre als Geselle (Gehilfe) in ihrem Gewerbe tätig gewesen sind. Die Abnahme der Prüfung erfolgt durch Prüfungskommissionen, welche aus einem Vorsitzenden und vier Beisitzern bestehen.

Neuer Text des § 133 Abs. 1 nach der Novelle vom 30. Mai 1908:

Den Meistertitel in Verbindung mit der Bezeichnung eines Handwerks dürfen nur Handwerker führen, welche für dieses Handwerk die Meisterprüfung bestanden und das vierundzwanzigste Lebensjahr zurückgelegt haben.

Die Befugnis zur Führung des Meistertitels in Verbindung mit einer anderen Bezeichnung, die auf eine Tätigkeit im Baugewerbe hinweist, insbesondere des Titels Baumeister und Baugewerksmeister, wird durch den Bundesrat geregelt. Bis zum Inkrafttreten des Bundesratsbeschlusses darf ein solcher Titel nur dann geführt werden, wenn die Landesregierung über die Befugnis zu seiner Führung Vorschriften erlassen hat, und nur von denjenigen Personen, welche diesen Vorschriften entsprechen. Der Bundesrat kann ferner Vorschriften über die Führung des Meistertitels in Verbindung mit sonstigen Bezeichnungen erlassen, die auf eine Tätigkeit im Handwerke hinweisen.

Zur Meisterprüfung (Abs. 1) sind in der Regel nur solche Personen zuzulassen, welche die Gesellenprüfung bestanden haben und in dem Gewerbe, für welches sie die Meisterprüfung ablegen wollen, mindestens drei Jahre als Geselle (Gehilfe) tätig gewesen, oder welche nach §129 Abs. 6 zur Anleitung von Lehrlingen in diesem Gewerbe befugt sind. Die Abnahme der Prüfung erfolgt durch Prüfungskommissionen, welche aus einem Vorsitzenden und 4 Beisitzern bestehen.

Die Entscheidung der Prüfungskommission, welche die Zulassung der Meisterprüfung (Abs. 1) ablehnt, kann binnen zwei Wochen durch Beschwerde bei der höheren Verwaltungsbehörde angefochten werden. Diese hat, bevor sie der Beschwerde stattgibt, die Handwerkskammer zu hören.

Die juristische Betrachtung ergibt folgendes:

1. Die Führung des Meistertitels war bisher bedingt von a) dem Betrieb eines Handwerks, b) der Anleitungsbefugnis von Lehrlingen, c) dem Bestehen der Meisterprüfung. Da die Voraussetzung zu b) jetzt zusammenfällt mit der zu c)[97]), so ist die Formulierung des jetzigen neuen Abs. 1 des § 133 nur eine logische Folgerung der Änderung des § 129 Abs. 1.

2. Die besondere Regelung des Meistertitels in dem Baugewerbe wird dem Bundesrate vorbehalten. Dieser wird nicht nur bedacht sein müssen auf die bisher üblichen Titel Baumeister und Baugewerksmeister, sondern auch auf ähnlich klingende Titel, weil sonst durch diese, z. B. Baugewerbemeister, das Gesetz umgangen werden könnte.

3. Die Zulassung zur Meisterprüfung war nach bisherigem Rechte abhängig von einer mindestens drei Jahre währenden Tätigkeit im Gewerbe als Geselle (Gehilfe); sie wird jetzt nur solchen Personen gestattet, die eine

97) Vgl. § 129 Abs. 1 neuer Fassung oben S. 78.

Gesellenprüfung bestanden haben **und** in dem Gewerbe, für welches sie die Meisterprüfung ablegen wollen, mindestens drei Jahre als Geselle (Gehilfe) tätig gewesen oder welche ausnahmsweise zur Anleitung von Lehrlingen in diesem Gewerbe befugt sind[98]). Diese erhöhte Anforderung wird damit begründet, daß die Meisterprüfung nunmehr zu einer wesentlichen Voraussetzung für den Erwerb der Anleitungsbefugnis geworden ist. Nach der ganzen Auffassung, von der die Novelle ausgeht, liege die bessere Gewähr für die Lehrbefähigung nicht so sehr in dem Vorgange der Meisterprüfung an sich, als vielmehr in der Zurücklegung eines bestimmt geregelten Erziehungsganges mit Lehrzeit, Gesellenprüfung und Gesellenzeit, der in der Meisterprüfung nur seinen äußerlich erkennbaren Abschluß findet. Die Gesellenprüfung bilde einen wesentlichen Bestandteil seines Erziehungsganges.

4. Ausdrücklich ist auch nunmehr ein Beschwerderecht eingeräumt gegen die Entscheidung der Prüfungskommission, welche die Zulassung zur Meisterprüfung ablehnt. Die Entscheidung erfolgt durch die höhere Verwaltungsbehörde nach Anhörung der Handwerkskammer. Bisher war in der GewO. ein solches Beschwerderecht nicht ausdrücklich ausgesprochen worden. Dagegen enthielten z. B. die von dem preuß. Minister für Handel und Gewerbe veröffentlichten Muster zu den Meisterprüfungsordnungen (MBl. f. Handel und Gewerbe VO. S. 122 ff.) die Bestimmung, daß gegen die Entscheidung des Vorsitzenden der Prüfungskommission über die Zulassung binnen bestimmter Frist die Beschwerde bei der Prüfungskommission selbst zulässig sei. Die Begründung hat allerdings schon vorher angenommen, daß die Aufsichtsbehörde auf Grund ihres Aufsichtsrechtes befugt ist, ohne ausdrückliche Vorschrift der GewO. über etwaige weitere Beschwerden ihrerseits zu entscheiden. Bei der Bedeutung, die die Meisterprüfung durch die Novelle erhält, hat man sich auch veranlaßt gesehen, die Zulassung zu ihr im weiteren Maße sicher zu stellen. Der letzte Abs. des § 133 ist insofern geändert worden, als die Fassung mit den entsprechenden Vorschriften des § 129 Abs. 6 und des § 131 Abs. 2 genauer in Einklang gebracht wurde, wie die Gegenüberstellung ergibt:

Der Meisterprüfung im Sinne der vorstehenden Bestimmungen können von der Landeszentralbehörde die von ihr angeordneten Prüfungen bei Anstalten und Einrichtungen der im § 29 Abs. 4 bezeichneten Art gleichgestellt werden, sofern bei denselben mindestens die gleichen Anforderungen gestellt werden, wie bei den im Abs. 1 vorgesehenen Prüfungen.	Der Meisterprüfung im Sinne der vorstehenden Bestimmungen können von der Landeszentralbehörde die Prüfungen **bei Lehrwerkstätten, gewerblichen Unterrichtsanstalten oder bei Prüfungsbehörden, welche vom Staate für einzelne Gewerbe oder zum Nachweise der Befähigung zur Anstellung in staatlichen Betrieben eingesetzt sind,** gleich gestellt werden sofern bei denselben mindestens die gleichen Anforderungen gestellt werden wie bei den im Abs. 1 vorgesehenen Prüfungen.

98) Dies nach § 129 Abs. 6, siehe oben S. 85.

Überschauend kann man bedauern, daß den zünftischen Regungen in dieser kleinlichen Weise entgegengekommen worden ist, daß man gerade das Bauhandwerk von den Hunderten und Tausenden von Gewerben herausgegriffen hat. Freilich liegt diese Maßnahme immerhin in der Richtungslinie des nun einmal eingeschlagenen Weges; daß dabei nichts oder nur sehr wenig Praktisches erreicht werden kann, erhellt schon daraus, daß nur Bezeichnungen in Verbindung mit dem Meistertitel unter das Gesetz fallen, sodaß der Ausdruck Architekt nicht getroffen wird, auch nicht Bezeichnungen, die sich das Leben schon suchen und finden wird, z. B. Hauserrichter, Baukünstler u. dergl. mehr.

Um die Härte, die in den neuen Artikeln liegt, zu mildern, mußte Vorsorge getroffen werden. So hat denn der Art. 2 in der Novelle vom 30. Mai 1908 folgendes bestimmt:

1. Personen, welche beim Inkrafttreten der Novelle vom 1. Oktober 1908 ab nach den bis dahin geltenden Bestimmungen zur Anleitung von Lehrlingen im Handwerk befugt sind, dürfen die zu diesem Zeitpunkt bereits in das Lehrverhältnis eingetretenen Lehrlinge auslehren. Wenn sie am 1. Oktober 1908 mindestens fünf Jahre hindurch mit der Befugnis zur Anleitung von Lehrlingen in ihrem Gewerbe tätig gewesen sind, so muß ihnen die weitere Befugnis zur Anleitung von Lehrlingen auf ihren Antrag von der unteren Verwaltungsbehörde verliehen werden. Erfüllen sie die eben bezeichneten Voraussetzungen nicht, so kann sie ihnen von der unteren Verwaltungsbehörde verliehen werden.

2. Während der ersten fünf Jahre nach dem Inkrafttreten des Gesetzes darf die Zulassung zur Meisterprüfung nicht abhängig gemacht werden von dem Bestehen der Gesellenprüfung.

3. Die am 1. Oktober 1908 schon erworbene Befugnis zur Führung des Meistertitels in Verbindung mit der Bezeichnung eines Handwerks bleibt unberührt.

Endlich sei noch der Änderung des § 126b gedacht. Hier ist vorgeschrieben, daß der Lehrvertrag schriftlich binnen vier Wochen abgeschlossen werden muß und welchen Inhalt er im einzelnen aufzuweisen hat, endlich, daß er von dem Gewerbetreibenden, dem Lehrling und dem gesetzlichen Vertreter des Lehrlings zu unterschreiben ist (Abs. 1 und 2). Hierbei bestimmte der bisherige Abs. 3: „Auf Lehrlinge in staatlich anerkannten Lehrwerkstätten finden diese Bestimmungen keine Anwendung“. Nach der Novelle vom 30. Mai 1908 tritt zu diesem Satze noch der folgende hinzu: „Das Gleiche gilt für Lehrverhältnisse zwischen Eltern und Kindern, falls der Handwerkskammer das Bestehen des Lehrverhältnisses, der Tag seines Beginnes, das Gewerbe oder der Zweig der gewerblichen Tätigkeit, in welchem die Ausbildung erfolgen soll und die Dauer der Lehrzeit schriftlich angezeigt wird“. Diese Vorschrift ist durchaus zweckmäßig. In der Tat passen auf das Lehrverhältnis zwischen Eltern und Kindern die für den Lehrvertrag im allgemeinen getroffenen soeben erwähnten Vorschriften nicht. Der Abschluß eines förmlichen schriftlichen Vertrages erscheint hier entbehrlich, seine Notwendigkeit ist in den beteiligten Kreisen auch vielfach als wenig angemessen empfunden worden[99]).

Überblickt man die Vorschriften der Novelle vom 30. Mai 1908, so wird man der inkonsequenten Durchführung des Arbeiterschutzes nicht froh. Der starken Durchbrechung des Prinzips der Gewerbefreiheit entspricht nicht ein im Sinne zünftlerischen Wünschens durchgreifendes Verfahren. Wer, wie ich, die ganze Privilegierung durch den Meistertitel für einen Widerspruch zu der ganzen wirtschaftlichen und kulturellen Entwickelung Deutschlands ansieht, wird sich gewiß nicht darüber beklagen können, daß den zünftlerischen Bestrebungen noch nicht bis zum letzten Ende Folge gegeben worden ist. Ein gänzlich unlogischer und die Halbheit scharf zeigender Zustand bleibt auf jeden Fall. Dabei wird ständig übersehen, daß eine gesetzgeberische Hilfe für das Handwerk nur in sehr beschränktem Umfange möglich ist; daß das Wesentliche auf der Selbsthilfe des Handwerkerstandes selbst beruhen muß, der eine wirtschaftliche genossenschaftliche Organisation aus sich heraus durch Tatkraft, Interesse und Berufsfreudigkeit schaffen muß, wie denn die meisten Kenner des Handwerkerwesens darin einig sind, daß nicht der äußere, sondern der innere Feind es ist, der dem Handwerkerstande heute so gefährlich erscheint. Es fehlt an der inneren Anpassung des Handwerkerstandes an die in wirtschaftlicher, insbesondere industrieller Beziehung gewandelte Zeit; es fehlt an technischer, kaufmännischer und vielleicht am meisten an allgemeiner Bildung im Handwerkerstande; es fehlt an den starken ethischen und persönlichen Kräften, die den unabänderlichen Tatsachen der vorwärts schreitenden ökonomischen Entwickelung mutig ihre Rechte gewährend, neue Wege einschlagen, um alte Absatzgebiete wieder zu erobern und neue, insbesondere des Kunsthandwerks zu erobern. Wenn diejenige Gesetzgebung die beste ist, die den wahren Interessen der davon Betroffenen am meisten entspricht, so kann man der Handwerkergesetzgebung ein solches Lob, unbeschadet der besten Absichten der Regierungen, nicht spenden. Nur allmählich gewöhnen sich gerade die Tradition und Tatsachenkontinuität achtenden Kreise an die durchaus gewandelten Verhältnisse der modernen Zeit. Auch hierin liegt ein wesentliches Hemmnis für eine großzügige deutsche Handwerkerpolitik.

Nur ein Wort ist über die Novelle vom 29. Juni 1908 (RGBl. S. 473) zu sagen nötig. Der § 35 Abs. 2, welcher die Untersagung gewisser Gewerbebetriebe ermöglicht, ist dahin erweitert worden, daß auch der Handel mit lebenden Vögeln verboten werden kann. Es hängt dies mit dem Vogelschutzgesetz vom 30. Mai 1908 zusammen, dessen hier lediglich Erwähnung getan werden mag.

---

99) Begr. S. 7.

VII.

Die große GewO.-Novelle, Ausdehnung des Arbeiterschutzrechts durch teilweise Ausschaltung des Begriffs „Fabrik." — Maximalarbeitstag und Nachtruhe der Frauen und Jugendlichen. — Wöchnerinnenschutz.

Der am 16. Dezember 1907 dem Reichstag zugegangene Entwurf eines Gesetzes, betr. die Abänderung der GewO., der sog. großen Gewerbeordnungs-Novelle, hatte eine große Anzahl von Gesetzesbestimmungen zu reformieren beabsichtigt. Man kann mit einer Beschränkung auf das Wesentlichste folgende Gruppen unterscheiden[100]). In die erste Gruppe gehören die anderweitige Fassung der Vorschrift über die Ausstellung von Zeugnissen für gewerbliche Arbeiter, eine Ergänzung derjenigen über die Einführung von Lohnbüchern oder Arbeitszetteln, Abänderungen hinsichtlich der Verpflichtung zum Besuche von Fortbildungsschulen[101]); in die zweite: Verbesserungen der Vorschriften, betr. den Erlaß von Bestimmungen des Bundesrats zur Durchführung der in den §§ 120a bis 120c enthaltenen Grundsätze (§ 120e Abs. 1), Erweiterung der Bestimmungen über die dem Bundesrat bisher ausschließlich verliehene Ermächtigung zur Bekämpfung der von übermäßigen Arbeitszeiten herrührenden Gefahren. Eine dritte Gruppe enthält Bestimmungen über die Werkmeister, Techniker usw., eine vierte solche über die Herabsetzung der elfstündigen Maximalarbeitszeit der Arbeiterinnen auf eine zehnstündige Dauer und Vorschriften über die Einführung einer elfstündigen ununterbrochenen Nachtruhe für Arbeiterinnen und jugendliche Arbeiter. Endlich Vorschriften, welche sich infolge der hierbei vorgesehenen Änderungen als erforderlich erwiesen. In der fünften Gruppe werden die Arbeitsverhältnisse in der Hausarbeit geregelt. Die sechste betrifft eine Ergänzung von Strafvorschriften, insbesondere nach der Richtung hin, daß für wiederholte Vergehen gegen gewisse Arbeiterschutzbestimmungen ein erhöhtes Strafmaß und ein erhöhter Mindeststrafsatz eingeführt wird.

Von allen diesen Gruppen ist lediglich die vierte von dem Gesetzgeber erledigt worden und liegt in der Novelle vom 28. Dezember 1908 (RGBl. S. 667) vor. Der Rest des Entwurfes wird den am 30. November 1909 wieder zusammengetretenen Reichstag beschäftigen, wobei es vorläufig ganz ungewiß bleibt, inwieweit, in welcher Gestalt und bis zu welchem Zeitpunkte eine Erledigung zu erwarten steht. In der übergroßen Anzahl von Anträgen, welche seit nunmehr zwei Jahren innerhalb der Reichstagskommission, aber auch in der sozialpolitischen Literatur vorgebracht worden sind, liegt für die baldige Er-

---

100) Siehe die Begr. in Nr. 552 der Drucks. des Reichstages, 12. Legisl.-Per., I. Session 1907 S. 16.

101) §§ 113 Abs. 1, 114a, 120 Abs. 3 GewO.

ledigung ein um so größeres Hemmnis, als beinahe jedes Rechtsinstitut des Arbeiterschutzrechtes einer Nachprüfung hinsichtlich seiner Reformbedürftigkeit unterworfen werden und hiernach eine Einigung auf die für die Neugestaltung am meisten geeignete Form herbeigeführt werden müßte. Die Schwierigkeiten können leicht ermessen werden, wenn man bedenkt, wie außerordentlich verschieden die Stärke sozialpolitischen Wünschens und Meinens, die von prinzipiellen und zufälligen, ethischen und taktischen Gründen bedingten Tendenzen der politischen Parteien sind. In formeller Beziehung ist es nicht ausgeschlossen, daß eine Novelle überhaupt nicht, oder wenigstens in diesem Falle nicht mehr geschaffen wird, daß man vielmehr den Erlaß eines selbständigen besonderen Gesetzes vorziehen wird; einen Fingerzeig geben der in der großen Gewerbeordnungsnovelle enthaltene nicht erledigte Teil, der in einem geschlossenen Abschnitt die Regelung der Hausarbeit bezweckte, und der Antrag Albrecht und Genossen, welcher vom 3. Dezember 1909 datiert ist und die Zustimmung des Reichtsages zu einem besonderen „Entwurf eines Gesetzes, betr. die Haus- und Heimarbeiter und die Hausgewerbetreibenden" wünscht[102]). Gegenüber dieser Zukunftsmusik wird auf die Darlegung des bisher schon fertig vorliegenden positiven Rechtes, das in der Novelle vom 28. Dezember 1908, teilweise in Gestalt unleidlich unübersichtlicher Flickarbeit, vorliegt, Bedacht zu nehmen sei.

Die Artt. 3, 6 und 7 im Entwurf des hier fraglichen Zusatzgesetzes beabsichtigen[103]):

1. Grundsätzliche Abänderungen der bisherigen Bestimmungen im Abschnitt IV des Titels VII der GewO. Und zwar soll:

a) eine klarere Abgrenzung des Geltungsbereiches dieser Vorschriften erfolgen,

b) für Arbeiterinnen und auch für männliche jugendliche Arbeiter, die elfstündige ununterbrochene Nachtruhe eingeführt, endlich

c) die elfstündige Maximalarbeitszeit der Arbeiterinnen auf 10 Stunden herabgesetzt werden;

2. den Erlaß von Vorschriften, welche infolge der Neuerungen 1a—c notwendig geworden sind. Dies ist im einzelnen zu betrachten. Jedoch ist zum Verständnis unentbehrlich, auf zwei Punkte einzugehen, einmal auf die Frage der Abgrenzung von Fabrik und Handwerk, sodann auf die des internationalen Übereinkommens vom 26. September 1906. Mit diesem letzteren mag begonnen werden.

Diese letztere, die sog. Berner Konvention über das Verbot der Nachtarbeit der gewerblichen Arbeiterinnen vom 26. September 1906, ist das Ergebnis der verdienstvollen Betätigung der internationalen Vereinigung für gewerb-

---

102) Drucks. des Reichstages Nr. 58, 12. Legisl.-Per. II. Session 1909/10.

103) Siehe die angeführte Drucks. des Reichstages Nr. 552 (Begr. S. 23, 37, 39.); Komm.-Ber.-Drucks. Nr. 1050; Sten. Ber. S. 3475—3499, 3501—3529, 3529—3560 (1. Lesung); S. 5883—5898, Drucks. Nr. 1051 (2. Lesung); S. 6066—6076 (3. Lesung).

lichen Arbeiterschutz. Die maßvolle Form, auf die sich in der Diagonale.der verschiedenen Bestrebungen die Staaten geeignet haben, sicherte um so mehr die Annahme des Übereinkommens seitens der meisten Kulturstaaten, als sich vielfach die Bestimmungen der Konvention nur darstellten als der zunächst staatsvertragsmäßige und sodann gesetzmäßige Niederschlag von Rechtsverhältnissen, die sich mancherorts, insbesondere auch in Deutschland, entwickelt hatten. Dieses internationale Übereinkommen hat im wesentlichen folgende Vorschriften:

Die gewerbliche Nachtarbeit soll grundsätzlich für alle Arbeiterinnen ohne Unterschied des Alters verboten sein. Die Nachtruhe soll eine Dauer von mindestens 11 aufeinander folgenden Stunden haben; in diese 11 Stunden muß der Zeitraum von 10 Uhr abends bis 5 Uhr morgens einbegriffen sein. Jedoch kann in Staaten, in denen die Nachtarbeit der erwachsenen gewerblichen Arbeiterinnen noch nicht geordnet ist, die Dauer der ununterbrochenen Nachtruhe übergangsweise für eine Zeit von höchstens 3 Jahren auf 10 Stunden beschränkt werden. Ausnahmen sind ferner insofern vorhanden, als das Verbot der Nachtarbeit außer Kraft gesetzt werden kann, 1. im Falle höherer Gewalt, sofern in einem Betriebe eine Arbeitsunterbrechung eintritt, die unmöglich vorherzusehen war, und sich nicht zeitweilig wiederholt, 2. falls die Arbeit solche Rohstoffe oder in Bearbeitung befindliche Stoffe, die einer sehr schnellen Veränderung unterliegen, zum Gegenstande hat, sofern es zur Bewahrung der Stoffe vor sonst unvermeidlichem Verderben notwendig ist. 3. Die Dauer der ununterbrochenen Nachtruhe kann in den dem Einfluß der Jahreszeiten unterworfenen Gewerben und bei dem Vorhandensein außerordentlicher Umstände in allen Betrieben an 60 Tagen im Jahre bis auf 10 Stunden herabgesetzt werden. In solcher Beziehung findet das Abkommen Anwendung auf alle gewerblichen Betriebe, in denen mehr als 10 Arbeiter und Arbeiterinnen beschäftigt werden, nicht jedoch auf Betriebe, in denen nur Familienmitglieder beschäftigt sind. Jedenfalls aber sollen einbegriffen sein die Bergwerke und Steinbrüche, sowie die Gewerbebetriebe, die sich mit der Bearbeitung und Verarbeitung von Rohstoffen befassen. Die Gesetzgebung jedes Landes soll in letzter Hinsicht die Grenze ziehen zwischen dem Gewerbe einerseits und der Landwirtschaft und dem Handel anderseits. In örtlicher Beziehung finden die Bestimmungen des Abkommens grundsätzlich nur in den Ländern der Staaten, die dieses Abkommen ratifiziert haben, Anwendung. Auf Kolonien, Besitzungen und Schutzgebiete nur dann, falls zu diesem Zweck in deren Namen dem schweizerischen Bundesrate von der Regierung des Mutterlandes Nachricht gegeben wird. Die Regierung kann mit der Nachricht von dem Beitritt einer Kolonie, einer Besitzung oder eines Schutzgebietes die Erklärung verbinden, daß das Abkommen auf solche Arten von Eingeborenen keine Anwendung findet, bei denen eine Überwachung unmöglich wäre. In den außereuropäischen Staaten, sowie in den Kolonien, Besitzungen und Schutzgebieten kann die Dauer der ununterbrochenen Nachtruhe, sofern das Klima oder die eingeborene Bevölkerung es erfordern, geringer sein, als die in dem gegenwärtigen Abkommen bestimmte Mindestdauer, unter der Bedingung, daß dafür ausgleichende Ruhezeiten während des Tages gewährt werden. In welcher Weise dieses internationale Übereinkommen in den Kulturstaaten durchgeführt wurde, kann hier dahingestellt bleiben, jedenfalls hat Deutschland nicht bloß ratifiziert, sondern zur Durchführung dieser Berner Konvention für Arbeiterinnen die elfstündige ununterbrochene Nachtruhe gesetzlich eingeführt und die elfstündige Höchstarbeitszeit der Arbeiterinnen auf zehn Stunden herabgesetzt.

Der zweite Punkt betrifft das Verhältnis von Fabrik und Handwerk. Die GewO. hat vier verschiedene Formen der Betriebe unterschieden: Fabrik. Motorenwerkstätte, Handwerk und Hausindustrie. Von besonderer Wichtigkeit ist der Gegensatz von Fabrik und Handwerk. Nur auf Fabriken finden Anwendung die Schutzbestimmungen der §§ 134 Abs. 2 bis 139a GewO. Sie betreffen die Höhe der Lohnverwirkungen bei rechtswidriger Auflösung des Arbeitsverhältnisses, den Erlaß von Arbeitsordnungen und die Bestimmungen für den Inhalt derselben, die Einrichtung ständiger Arbeiterausschüsse, die Beschäftigungdauer von Kindern, jugendlichen Arbeitern und Arbeiterinnen, die Regelung der Arbeit für die Wöchnerinnen, den Vorbehalt besonderer Bundesratsbestimmungen, welche für gewisse Fabrikationszweige die Verwendung von Arbeiterinnen und jugendlichen Arbeitern untersagen oder einschränken, sowie sonstige Ausnahmen bezüglich der Beschäftigungsdauer gestatten können. Diese Vorschriften sind in dem Abschnitt IV des VII. Titels unter der Überschrift „Verhältnisse der Fabrikarbeiter" zusammengefaßt. Die Sonderbestimmungen für das Handwerk finden sich im Titel VI der GewO., in welchem die Innungen, Innungsausschüsse, Handwerkskammern und Innungsverbände geregelt sind. Die Aufgaben der Innung, die Einrichtung ihrer Verwaltung und die Rechtsverhältnisse ihrer Mitglieder, die Einrichtung der Innungskrankenkassen, Innungsschiedsgerichte und Gesellenausscbüsse, sowie der Zwangsinnungen, die Einrichtung und Befugnisse der Innungsausschüsse, die Organisation und die Aufgaben der Handwerkskammern, sowie der Innungsverbände sind dort in eingehender Weise behandelt. Weitere Sonderbestimmungen enthält der Titel VII in den §§ 129 bis 133, welche die Befugnisse zur Anleitung von Lehrlingen in Handwerksbetrieben, den Lehrvertrag, die Lehrzeit, die Gesellenprüfung, die Meisterprüfung und die Führung des Meistertitels zum Gegenstande haben. Eine Grenzbestimmung zwischen Fabrik und Handwerk fehlt absichtlich, weil man erkannte, daß das gewerbliche Leben zu vielseitig wechselnd und entwicklungsfähig ist, daß die einzelnen Glieder des gewerblichen Organismus zu sehr ineinander greifen, als daß es möglich wäre, sie durch sichtbare gradlinige Grenzen ein für allemal schematisch abzuteilen. Es haben aber auch in dieser Richtung in verschiedenen Ländern gemachte Versuche einen befriedigenden Erfolg nicht gehabt[104]).

104) Vgl. Plotke, Fabrik und Handwerk, Berlin 1903 S. 5 ff. und Evert. Handbuch des gewerblichen Arbeiterschutzrechtes 1900 S. 14 ff.

Die Folgen des Mangels einer einheitlichen Begriffsbestimmung äußern sich aber gerade bei der Durchführung der Schutzbestimmungen für die Fabrikarbeiter. Die Verwaltungs- und Gerichtsbehörden, insbesondere das Reichsgericht im Verhältnis zu andern Gerichten, geben verschiedene Auslegungen und haben eine jeweilig verschiedene Auffassung über die Zugehörigkeit zum Fabrik- oder Handwerksbetrieb[105]. Die Unternehmer weigern sich zufolge der Jahresberichte der Gewerbeaufsichtsbeamten, den an sie ergangenen Anforderungen über Beschränkung der Arbeitszeit weiblicher und jugendlicher Arbeiter, Einhalten der Pausen, frühere Entlassung der Arbeiterinnen an den Vorabenden der Sonn- und Feiertage u. dgl. nachzukommen, weil sie ihre Betriebe nicht als Fabriken anerkennen und daher von der Fabrikgesetzgebung nicht betroffen zu sein behaupten. Von den sich häufenden Klagen der Gewerbeaufsichtsbeamten weiß die Begr. zur hier fraglichen Novellle S. 23 zu berichten, aber auch von den sachlichen Gründen dieser Erscheinung. Einmal hat die wirtschaftliche Entwickelung des letzten Jahres dazu geführt, den Unterschied zwischen den als Fabriken einerseits und als Werkstätten anderseits zu betrachtenden Anlagen vielfach zu verwischen. Insbesondere hat sich durch die Vervollkommnung, die das Handwerk infolge umfangreicherer Verwendung von Arbeitsmaschinen erfahren hat, sowie durch die im Handwerk in immer größerem Umfange zur Ausbildung gebrachten Arbeitsteilung die handwerksmäßige Betriebsart derart der fabrikmäßigen genähert, daß die Entscheidung der Frage, ob Fabrik oder Handwerk, schon infolge dieses Umstandes immer schwieriger geworden ist. In ähnlicher Weise haben gewisse gesetzgeberische Maßnahmen eingewirkt. Zunächst wurde infolge der Inkraftsetzung des § 154 Abs. 3 GewO. durch die VO. vom 9. Juli 1900 (RGBl. S. 565) in Verbindung mit den Ausführungsbestimmungen des Bundesrats vom 13. Juli 1900 (RGBl. S. 565) eine Gruppe der bisher ungeregelten Werkstätten, die Werkstätten mit Motorbetrieb, den Bestimmungen der GewO. zum Teil unterworfen. Hiernach mußte man hinsichtlich des einzelnen Betriebes nicht bloß darüber entscheiden, ob es sich um eine Fabrik oder um eine Werkstätte handle, sondern man mußte sich auch darüber schlüssig machen, ob eine Fabrik oder eine Werkstätte mit Motorbetrieb in Betracht komme. Hierdurch entstanden aber besondere Schwierigkeiten deshalb, weil bis zum Erlasse jener Verordnung die Motorbetriebe vielfach schon wegen der Benutzung von Motoren als Fabriken behandelt worden waren, und demnach

105) Vgl. die Zusammenstellung der bisher als rechtsgültig anerkannten Merkmale für Fabrik- und Handwerksbetrieb, sowie die Besprechung der einzelnen Merkmale bei Plotke a. a. O. S. 24—95. In Frage kommen insbesondere folgende Merkmale: Die Art und Methode der Herstellung der Arbeitsprodukte; die Art der Hilfsmittel, welche zur Herstellung benutzt werden; die Art der Arbeitsleistung des Unternehmers; die Größe und Beschaffenheit der Räumlichkeiten und Betriebseinrichtungen, sowie die Zahl der beschäftigten Arbeiter; der Umfang der Produktion und die Art des Absatzes. Siehe auch v. Landmann, Gewerbeordnung Bd. 1 S. 31, Bd. 2 S. 315; v. Rohrscheidt, Gewerbe-Ordnung S. 457, 459, 596; Nelken, Das Gewerberecht in Preußen Bd. 1 (1906) S. 157 ff., Burchardt, Die Rechtsverhältnisse der gewerblichen Arbeiter 1901 S. 74.

nunmehr bei einer Reihe von Betrieben in eine Prüfung der Verhältnisse eingetreten werden mußte, die sich in früheren Zeiten erübrigt hatte (a. a. O. S. 23, 24). Hinzu kamen weitere Schwierigkeiten durch die Einführung des Handwerkergesetzes und die Schaffung von Handwerkskammern[106]). Nach § 103 Abs. 1 GewO. sind die aus der Errichtung und Tätigkeit der Handwerkskammern erwachsenden Kosten, soweit sie nicht anderweitige Deckung finden, von den Gemeinden des Handwerkskammerbezirkes nach näherer Bestimmung der höheren Verwaltungsbehörde zu tragen, und die Gemeinden sind ermächtigt, die auf sie entfallenden Anteile nach einem von der höheren Verwaltungsbehörde zu bestimmenden Verteilungsmaßstabe auf die einzelnen Handwerksbetriebe umzulegen. Die Landeszentralbehörde kann ferner bestimmen, daß die Kosten der Handwerkskammer von weiteren Kommunalverbänden statt von den Gemeinden aufgebracht werden. In diesem Falle sind die Kommunalverbände ermächtigt, die Kosten der Veranstaltung zur Förderung der gewerblichen, technischen und sittlichen Ausbildung der Meister, Gesellen und Lehrlinge, sowie die Kosten der Errichtung und Unterstützung von Fachschulen nach einem von der höheren Verwaltungsbehörde zu bestimmenden Verteilungsmaßstabe auf die diesen Gewerbszweigen angehörenden Handwerksbetriebe umzulegen. Nun stellen viele gewerbliche Unternehmer, von welchen die Beiträge für die Handelskammer eingezogen werden, ihre Zugehörigkeit zum Handwerk in Abrede. Umgekehrt lassen sich die Inhaber von Betrieben, die von den Handwerksorganisationen als zu ihnen gehörig mit Erfolg in Anspruch genommen werden, hinsichtlich der Anwendung der Arbeiterschutzvorschriften nicht als Fabriken behandeln. Eine „in hohem Maße unerwünschte" Einschränkung bei der Anwendung der Arbeiterschutzvorschriften ist das Ergebnis der Unsicherheit dieses Rechtszustandes[107]). Die Versuche sind außerordentlich zahlreich, die Grenze zwischen Fabrik und Handwerk zu ziehen. Eine autoritative Aufzählung der im Zweifel als Handwerk anzusprechenden Gewerbe in einer Ausführungsvorschrift zur Gewerbeordnung könnte vielleicht weiter führen. Jedenfalls ist keine der vorgeschlagenen durchgreifenden Maßnahmen bisher zum Gesetze gediehen.

106) Vgl. Neuhaus, Die Handwerkskammer, ihre Organisation und ihre Aufgaben. Leipzig 1902 S. 47; Kuckuck, Die Auseinandersetzung zwischen der Handwerkskammer und der Handwerksorganisation. Annalen des Deutschen Reiches 1904 S. 585 ff.; Werkmeister, Zur Lösung der Frage „Fabrik oder Handwerk". Daselbst 1906 S. 555 ff.: Heubner, Handwerk und Fabrik. Daselbst 1907 S. 703—716, 764—787; Sievers, Betrachtungen aus der Praxis über Fabrik und Handwerk, Handelskammer und Handwerkskammern. Schmollers Jahrbücher Bd. 30 S. 255—274; Szczesny, Fabrik und Handwerk, Preuß. VerwBl. Bd. 27 S. 569; endlich die Denkschrift der Handelskammer zu Leipzig „Abgrenzung der Handels- und Handwerks- (Gewerbe-) Kammer-Organisation oder Fabrik und Handwerk". Letztere, wie auch die vorhergehenden berichtet in meinem Jahrb. d. Verw.-Rechts Bd. 2 (1907) S. 353 ff., Bd. 3 (1908) S. 322 ff.

107) Auch hier sei verwiesen auf die Zusammenstellungen in den Jahresberichten der Gewerbeaufsichtsbeamten für 1901 Bd. 4 S. 259, für 1902 Bd. 4 S. 269, für 1903 Bd. 4 S. 403, für 1904 Bd. 4 S. 472, für 1905 Bd. 4 S. 468.

Erschien es demnach nicht möglich, eine klare Umgrenzung der Begriffe Fabrik oder Handwerk im Gesetze selbst zu erreichen, so doch eine solche des Geltungsbereiches der Arbeiterschutzvorschriften. Das Bedürfnis hiernach bezeichnet die Begr. S. 24 um so dringender, als zur Ausführung der Berner Konvention Vorschriften über die Gewährung einer ununterbrochenen Nachtruhe getroffen werden mussten, die nach den stattgehabten Vereinbarungen mindestens auf Betriebe Anwendung finden sollen, in denen mehr als 10 Arbeiter beschäftigt werden. Es wird als bedenklich bezeichnet, über das in der Berner Konvention vorgesehene Maß hinaus die Nachtruhe der Arbeiterinnen für alle Fabriken ohne Unterschied ihrer Größe vorzuschreiben. Deshalb würde die Einfügung der erforderlichen Vorschriften in die §§ 135 ff. in ihrer gegenwärtigen Fassung dazu führen, daß selbst für die Fabriken in der Folge, je nachdem sie eine größere oder geringere Arbeiterzahl beschäftigen, verschiedene Schutzbestimmungen Anwendung finden müssen. Damit würde neben den bisher bestehenden Verschiedenheiten zwischen den Fabriken einerseits und den verschiedenen Gruppen der geregelten Werkstätten anderseits eine Verschiedenheit innerhalb der Fabrik selbst treten. Hierdurch würde aber die Arbeiterschutzgesetzgebung, wie die Regierungsvorlage ausdrücklich zugibt, derart verwickelt, und unübersichtlich, daß ihre Durchführung in noch höherem Grade als bisher gefährdet werde. Es wurde nun vorgeschlagen, den Fabrikbegriff völlig auszuschalten und lediglich die Zahl der in der Regel beschäftigten Arbeiter für die Anwendung der Arbeiterschutzbestimmungen als maßgebend zu erklären. Die Begründung hierzu, bei der Entscheidung über die vorzuschlagende Zahl sei im Auge zu behalten, daß die Vorschriften der §§ 135 ff. auf die Verhältnisse kleinerer Betriebe nicht anwendbar sind, ist allerdings als irrtümlich anzusehen[108]). Zutreffend ist dagegen, daß die Zahl nicht zu hoch bemessen werden durfte, daß eine Einschränkung des Arbeiterschutzes zu besorgen war. Man hat nach den bei der Regelung der Verhältnisse in Motorbetrieben gemachten Erfahrungen die Zahl von mindestens 10 Arbeitern als ausschlaggebend für die ausnahmslose Anwendung der in Frage stehenden Arbeiterschutzvorschriften angesehen. Da die Beschlüsse der Berner Konvention, die sich auf Betriebe mit mehr als 10 Arbeitern beschränken, auch in diesen Betrieben durchführbar sind, wird damit zugleich eine verschiedene Behandlung der Betriebe mit Rücksicht auf jene Beschlüsse vermieden. Auf Werkstätten mit Motorbetrieb sollen die Bestimmungen (nach § 154 Abs. 3) auch dann Anwendung finden, wenn weniger als 10 Arbeiter in ihnen beschäftigt werden, jedoch sollen die bisher dem Bundesrat gewährten Befugnisse zur Zulassung von Ausnahmen aufrecht erhalten bleiben; auf andere kleinere Werkstätten und auf Bauten sollen die Arbeiterschutzvorschriften durch Bundesratsbeschluß ganz oder teilweise ausgedehnt werden, insbesondere dann, wenn unter Druck stehende Apparate verwendet werden, bei Beschäftigung von Frauen und jugendlichen Arbeitern sowie bei solchen Werkstätten, in denen die geschützten Personen unter einer übermäßigen Arbeitszeit leiden.

Eine kritische Betrachtung dieser grundsätzlichen Beseitigung des Fabrikbegriffes durch die Novelle vom 28. Dezember 1908 muß zunächst anerkennen, daß gegenüber dem bisherigen Rechtszustande eine Verbesserung eingetreten ist. Die Begrenzung durch das eine Merkmal der Beschäftigung einer bestimmten Zahl von Arbeitern ist ohne irgend welche Zweifel festzustellen, Freilich läßt das Gesetz unbeachtet, daß es besonders schutzbedürftige Personen auch in Betrieben geben kann, die weniger als 10 Arbeiter beschäftigen. Deshalb wird wohl in der Tat der von anderer Seite auf den Schild erhobene Grundsatz in Zukunft durchgeführt werden müssen: Schutz dem Schutzbedürftigen schlechthin[108]). Sodann ist aber kritisch einzuwenden, daß im Titel VI, der vom Handwerk handelt, der Gegensatz zur Fabrik maßgebend war. Unerläßlich wird daher sein, im Gesetze eine neue Definition des Handwerks zu geben, der schlechthin fehlt. Endlich wird darauf hingewiesen werden müssen, daß die oben bezeichneten Schwierigkeiten, die aus der mangelnden gesetzlichen Abgrenzung von Fabrik und Handwerk herrühren, nur in Bezug auf diese Arbeiterschutzvorschriften, nicht aber in sonstiger Beziehung beseitigt sind. Zahlreiche Betriebe, „deren Inhaber als Kaufleute in das Handelsregister eingetragen und dadurch für die Handelskammer beitragspflichtig geworden sind, werden zugleich in die Handwerkerorganisation einbezogen und zu Beiträgen für eine Zwangsinnung oder eine Handwerkskammer herangezogen[109])". Diese Doppelbesteuerung ergab sich aus der Differenz der Meinungen der Gerichts- und der Verwaltungsbehörden. Weitere Schwierigkeiten entstanden aus der verschiedenen Beurteilung der einzelnen Verwaltungsbehörden selbst, indem bei Entscheidung gemäß § 100h GewO. vielfach andere Gesichtspunkte obwalteten, als sie bisher für die Anwendbarkeit des Titels VII GewO. auf Fabriken maßgebend gewesen waren, sodaß also derselbe Betrieb von der Aufsichtsbehörde bald als Fabrik, bald als Handwerksbetrieb angesprochen wurde[110]).

Eine Reihe von Abänderungen ist mit Rücksicht auf die Ausschaltung des Fabrikbegriffes und lediglich aus diesem Grunde notwendig gewesen. Hervorgehoben sei hier nur, daß der Abschnitt IV des Titels VII GewO. die folgende Überschrift erhält „Besondere Bestimmungen für Betriebe, in denen in der Regel mindestens 10 Arbeiter beschäftigt werden", während die Überschrift bisher lautete „Verhältnisse der Fabrikarbeiter". Während der bis herige Abschnitt III mit dem § 133 f schloß, beginnt jetzt der IV. Titel nicht mehr mit § 134, sondern mit § 133 g, dem durch die jüngste Novelle noch die §§ 133h und i hinzugefügt worden sind. Dem § 139a folgt jetzt auch noch

108) Vgl. den Nachweis in dem Artikel „Die Beseitigung des Fabrikbegriffes in der Novelle zur Gewerbeordnung". Soziale Praxis vom 26. März 1908 Bd. 17 S. 673 ff.

109) Erlaß des Preuß. Handelsministers vom 6. März 1901.

110) Vgl. Erlaß des Preuß. Handelsministers vom 31. März 1901 bei Plotke a. a. O. S. 14. Über weitere Versuche, diesen Mißhelligkeiten zu begegnen, siehe die Auffassung des Preuß. Handelsministers aus dem Jahre 1907 in meinem Jahrb. d. Verw.-Rechts Bd. 2 S. 354 und den Vorschlag daselbst Bd. 3 S. 323.

ein solcher 139aa! Erst jetzt wird verständlich sein, daß der § 133g die Bestimmungen der §§ 133h bis 139aa — nämlich die sämtlichen, jetzt im Abschnitt IV enthaltenen Arbeiterschutzvorschriften — Anwendung finden läßt auf Gesellen, Gehilfen, Lehrlinge und sonstige gewerbliche Arbeiter mit Ausnahme der Betriebsbeamten, Werkmeister und Techniker. Hierauf folgen dann „A. Bestimmungen über Betriebe, in denen in der Regel mindestens 20 Arbeiter beschäftigt werden". Unmittelbar hierauf erschien der § 133h, wonach auf Betriebe, in denen in der Regel mindestens 20 Arbeiter beschäftigt werden, die Bestimmungen über die Lohnverwirkungen bei rechtswidriger Auflösung des Arbeitsverhältnisses, den Erlaß von Arbeitsordnungen und Bestimmungen über den Inhalt derselben sowie die Einrichtung ständiger Arbeiterausschüsse (§§ 134—134h) Anwendung finden. Dies gilt für Betriebe, in denen regelmäßig zu gewissen Zeiten des Jahres ein vermehrtes Arbeitsbedürfnis eintritt, schon dann, wenn zu diesen Zeiten mindestens 20 Arbeiter beschäftigt werden. Hinter § 134h ist nunmehr eingeschaltet: „B. Bestimmungen für alle Betriebe, in denen in der Regel mindestens 10 Arbeiter beschäftigt werden", und hiernach eingefügt: „§ 134i (neu!). Auf Betriebe, in denen in der Regel mindestens 10 Arbeiter beschäftigt werden, finden, unbeschadet des § 133h, die Bestimmungen über die Beschäftigungsdauer von Kindern, jugendlichen Arbeitern und Arbeiterinnen, die Regelung der Arbeit für die Wöchnerinnen, der Vorbehalt besonderer Bundesratsbestimmungen, welche für gewisse Fabrikationszweige die Verwendung von Arbeiterinnen und jugendlichen Arbeitern untersagen oder einschränken, sowie sonstige Ausnahmen bezüglich der Beschäftigungsdauer gestatten können (§§ 135—139aa) Anwendung. Dies gilt für Betriebe, in denen regelmäßig zu gewissen Zeiten des Jahres ein vermehrtes Arbeitsbedürfnis eintritt, schon dann, wenn zu diesen Zeiten mindestens 10 Arbeiter beschäftigt werden".

Die Bestimmungen über die Einführung der elfstündigen ununterbrochenen Nachtruhe und des zehnstündigen Arbeitstages für Arbeiterinnen haben ihre Geschichte. Im Jahre 1902 wurden Erhebungen angestellt über die Dauer der täglichen Arbeitszeit der in Fabriken und in diesen gleichgestellten Anlagen beschäftigten Arbeiterinnen über 16 Jahre. Schon damals hat der weitaus größte Teil der Berichterstatter die Verkürzung der Maximalarbeitszeit von 11 auf 10 Stunden für erwünscht und durchführbar erklärt. Jedoch wurden in vielen der befürwortenden Ausführungen dem zustimmenden Schlußergebnisse mancherlei Einschränkungen und Vorbehalte hinzugefügt, und zwar war hierfür vornehmlich bestimmend die Rücksicht auf die in der Textilindustrie obwaltenden Verhältnisse[111]). Aber es hat inzwischen der zehnstündige Arbeitstag auch in der Textilindustrie immer mehr Eingang gefunden. So konnte die Reichsregierung ein Bedenken gegen die Einführung nicht mehr geltend machen. Für die jugendlichen Arbeiter ist die Einführung

111) „Die Arbeitszeit der Fabrikarbeiterinnen". Nach Berichten der Gewerbeaufsichtsbeamten bearbeitet im Reichsamte des Innern. Berlin 1905. R. v. Decker's Verag.

der elfstündigen ununterbrochenen Nachtruhe ebenfalls gesetzlich in die Erscheinung getreten durch einen Abs. 3 zu § 136: „Nach Beendigung der täglichen Arbeitszeit ist den jugendlichen Arbeitern eine ununterbrochene Nachtruhe von mindestens elf Stunden zu gewähren.“

Der § 138 ist zweckmäßiger gefaßt, der § 137 in bezug auf den Schutz der Wöchnerinnen erweitert worden; der § 138a mußte ebenfalls abgeändert werden. Denn nach den in der Berner Konvention getroffenen Vereinbarungen können Ausnahmen von den Vorschriften über die elfstündige Nachtruhe in Übereinstimmung mit der Vorschrift in § 138a GewO. zunächst insofern gewährt werden, als es sich um eine außergewöhnliche Häufung der Arbeit handelt. Diese Ausnahme soll sich auf die Herabsetzung der elfstündigen Nachtruhe auf eine zehnstündige Dauer erstrecken dürfen. Sie darf jedoch nur für 60 Tage im Kalenderjahre zugelassen werden, auch muß eine Nachtruhe zwischen 10 Uhr abends und 5 Uhr morgens gewahrt bleiben. Nach dem § 138a in seiner gegenwärtigen Fassung dürfen die Ausnahmen bei Innehaltung einer Nachtruhe zwischen 10 Uhr abends und 5 ½ Uhr morgens grundsätzlich nur für 40 Tage im Kalenderjahre und für eine längere Zeit nur dann gewährt werden, wenn die Arbeitszeit für den Betrieb oder die betreffende Abteilung des Betriebes so geregelt wird, daß ihre tägliche Dauer im Durchschnitt der Betriebstage des Jahres die regelmäßige gesetzliche Arbeitszeit nicht übersteigt. Gegenüber den Vorschriften der Berner Konvention konnte diese Bestimmung nicht mehr aufrecht erhalten werden[112]). Bei Zulassung von Überarbeit für 60 Tage im Jahre erschien sie auch entbehrlich. Der § 138a Abs. 1 und 2 ist danach dahin abgeändert worden, daß die Zulassung von Überarbeit von 60 Tagen im Kalenderjahre mit der Maßgabe erfolgen darf, daß die zu gewährende Nachtruhe nicht weniger als 10 Stunden beträgt; ferner soll der die Gestattung der Überarbeit auf eine längere Dauer vorsehende Teil des Abs. 2 aufgehoben und endlich der Herabsetzung der elfstündigen Arbeitszeit Rechnung getragen werden. Die wesentlichen Unterschiede des bisherigen und des neuen Rechtszustandes ergibt die folgende Gegenüberstellung:

Bisherige Fassung:	Neue Fassung:
§ 137. Arbeiterinnen dürfen in Fabriken nicht in der Nachtzeit von achteinhalb Uhr abends bis fünfeinhalb Uhr morgens und am Sonnabend sowie an Vorabenden der Festtage nicht nach fünfeinhalb Uhr nachmittags beschäftigt werden.	§ 137. Arbeiterinnen dürfen nicht in der Nachtzeit von acht Uhr abends bis sechs Uhr morgens und am Sonnabend sowie an Vorabenden der Festtage nicht nach fünf Uhr nachmittags beschäftigt werden.
Die Beschäftigung von Arbeiterinnen über sechzehn Jahre darf die Dauer von elf Stunden täglich, an den Vorabenden der Sonn- und Festtage von zehn Stunden, nicht überschreiten.	Die Beschäftigung von Arbeiterinnen darf die Dauer von zehn Stunden täglich, an den Vorabenden der Sonn- und Festtage von acht Stunden, nicht überschreiten.

112) Begründung S. 27, 28.

Zwischen den Arbeitsstunden muß den Arbeiterinnen eine mindestens einstündigeMittagspause gewährt werden.

Arbeiterinnen über sechzehn Jahre, welche ein Hauswesen zu besorgen haben, sind auf ihren Antrag eine halbe Stunde vor der Mittagspause zu entlassen, sofern diese nicht mindestens ein und eine halbe Stunde beträgt.

Wöchnerinnen dürfen während vier Wochen nach ihrer Niederkunft überhaupt nicht und während der folgenden zwei Wochen nur beschäftigt werden, wenn das Zeugnis eines approbierten Arztes dies für zulässig erklärt.

Zwischen den Arbeitsstunden muß den Arbeiterinnen eine mindestens einstündige Mittagspause gewährt werden.

Nach Beendigung der täglichen Arbeitszeit ist den Arbeiterinnen eine ununterbrochene Ruhezeit von mindestens elf Stunden zu gewähren.

Arbeiterinnen, welche ein Hauswesen zu besorgen haben, sind auf ihren Antrag eine halbe Stunde vor der Mittagspause zu entlassen, sofern diese nicht mindestens ein und eine halbe Stunde beträgt.

Arbeiterinnen dürfen vor und nach ihrer Niederkunft im ganzen während acht Wochen nicht beschäftigt werden. Ihr Wiedereintritt ist an den Ausweis geknüpft, daß seit ihrer Niederkunft wenigstens sechs Wochen verflossen sind.

Arbeiterinnen dürfen nicht in Kokereien und nicht zum Transporte von Materialien bei Bauten aller Art verwendet werden.

Hinter § 137 wurde eingeschaltet:

§ 137a.

Arbeiterinnen und jugendlichen Arbeitern darf für die Tage, an welchen sie in dem Betriebe die gesetzlich zulässige Arbeitszeit hindurch beschäftigt waren, Arbeit zur Verrichtung außerhalb des Betriebs vom Arbeitgeber überhaupt nicht übertragen oder für Rechnung Dritter überwiesen werden.

Für die Tage, an welchen die Arbeiterinnen oder jugendlichen Arbeiter in dem Betriebe kürzere Zeit beschäftigt waren, ist diese Übertragung oder Überweisung nur in dem Umfange zulässig, in welchem Durchschnittsarbeiter ihrer Art die Arbeit voraussichtlich in dem Betriebe während des Restes der gesetzlich zulässigen Arbeitszeit würden herstellen können, und für Sonn- und Festtage überhaupt nicht.

Bei Zuwiderhandlungen gegen die Bestimmungen des Abs. 2 kann die zuständige Polizeibehörde auf Antrag oder nach Anhörung des zuständigen Gewerbeaufsichtsbeamten (§ 139b) im Wege der Verfügung für einzelne Betriebe die Übertragung oder Überweisung solcher Arbeit entsprechend den Bestimmungen des Abs. 2 beschränken oder von besonderen Bedingungen abhängig machen. Vor Erlaß solcher Verfügungen hat der Gewerbeaufsichtsbeamte beteiligten Arbeitgebern und Arbeitern, wo ständige Arbeiterausschüsse (§ 134h) bestehen, diesen Gelegenheit zu geben, sich zu äußern.

Gegen die Verfügung der Polizeibehörde steht dem Gewerbeunternehmer binnen zwei Wochen die Beschwerde an die höhere Verwaltungsbehörde zu. Gegen die Entscheidung der höheren Verwaltungsbehörde ist binnen vier Wochen die Beschwerde an die Zentralbehörde zulässig; diese entscheidet endgültig.

Bisherige Fassung:

§ 138. Sollen Arbeiterinnen oder jugendliche Arbeiter in Fabriken beschäftigt werden, so hat der Arbeitgeber vor dem Beginne der Beschäftigung der Ortspolizeibehörde eine schriftliche Anzeige zu machen.

In der Anzeige sind die Fabrik, die Wochentage, an welchen die Beschäftigung stattfinden soll, Beginn und Ende der Arbeitszeit und der Pausen, sowie

§ 138 erhielt folgende Fassung:

Sollen Arbeiterinnen oder jugendliche Arbeiter beschäftigt werden, so hat der Arbeitgeber vor dem Beginne der Beschäftigung der Ortspolizeibehörde eine schriftliche Anzeige zu machen. In der Anzeige sind d e r B e t r i e b, die Wochentage, an welchen die Beschäftigung stattfinden soll, Beginn und Ende der Arbeitszeit und der Pausen sowie die Art der Bedie Art der Beschäftigung anzugeben. Eine Änderung hierin darf, abgesehen von Verschiebungen, welche durch Ersetzung behinderter Arbeiter für einzelne Arbeitsschichten notwendig werden, nicht erfolgen, bevor eine entsprechende weitere Anzeige der Behörde gemacht ist. In jeder Fabrik hat der Arbeitgeber dafür zu sorgen, daß in den Fabrikräumen, in welchen jugendliche Arbeiter beschäftigt werden, an einer in die Augen fallenden Stelle ein Verzeichnis der jugendlichen Arbeiter unter Angabe ihrer Arbeitstage, sowie des Beginns und Endes ihrer Arbeitszeit und der Pausen ausgehängt ist. Ebenso hat er dafür zu sorgen, daß in den betreffenden Räumen eine Tafel ausgehängt ist, welche in der von der Zentralbehörde zu bestimmenden Fassung und in deutlicher Schrift einen Auszug aus den Bestimmungen über die Beschäftigung von Arbeiterinnen und jugendlichen Arbeitern enthält.

§ 138a. Wegen außergewöhnlicher Häufung der Arbeit kann auf Antrag des Arbeitgebers die untere Verwaltungsbehörde auf die Dauer von zwei Wochen die Beschäftigung von Arbeiterinnen über sechzehn Jahre bis zehn Uhr abends an den Wochentagen außer Sonnabend unter der Voraussetzung gestatten, daß die tägliche Arbeitszeit dreizehn Stunden nicht überschreitet. Innerhalb eines Kalenderjahrs darf die Erlaubnis einem Arbeitgeber für seinen Betrieb oder für eine Abteilung seines Betriebs auf mehr als vierzig Tage nicht erteilt werden.

Für eine zwei Wochen überschreitende Dauer kann die gleiche Erlaubnis nur von der höheren Verwaltungs-

schäftigung anzugeben. Eine Änderung hierin darf, abgesehen von Verschiebungen, welche durch Ersetzung behinderter Arbeiter für einzelne Arbeitsschichten notwendig werden, nicht erfolgen, bevor eine entsprechende weitere Anzeige der Behörde gemacht ist.

In jedem Betriebe hat der Arbeitgeber dafür zu sorgen, daß in denjenigen Räumen, in welchen jugendliche Arbeiter beschäftigt werden, an einer in die Augen fallenden Stelle ein Verzeichnis der jugendlichen Arbeiter unter Angabe ihrer Arbeitstage sowie des Beginns und Endes ihrer Arbeitszeit und der Pausen ausgehängt ist. Ebenso hat er dafür zu sorgen, daß in den betreffenden Räumen eine Tafel ausgehängt ist, welche in der von der Zentralbehörde zu bestimmenden Fassung und in deutlicher Schrift einen Auszug aus den Bestimmungen über die Beschäftigung der Arbeiterinnen und jugendlichen Arbeiter enthält.

§ 138a Abs. 1, 2 erhielten folgende Fassung:

Wegen außergewöhnlicher Häufung der Arbeit kann auf Antrag des Arbeitgebers die untere Verwaltungsbehörde auf die Dauer von zwei Wochen die Beschäftigung von Arbeiterinnen über sechzehn Jahre bis neun Uhr abends an den Wochentagen außer Sonnabend unter der Voraussetzung gestatten, daß die tägliche Arbeitszeit zwölf Stunden nicht überschreitet und die zu gewährende ununterbrochene Ruhezeit nicht weniger als zehn Stunden beträgt. Innerhalb eines Kalenderjahrs darf die Erlaubnis einem Arbeitgeber für seinen Betrieb oder für eine Abteibehörde und auch von dieser für mehr als vierzig Tage im Jahre nur dann erteilt werden, wenn die Arbeitszeit für den Betrieb oder die betreffende Abteilung des Betriebs so geregelt wird, daß ihre tägliche Dauer im Durchschnitte der Betriebstage des Jahres die regelmäßige gesetzliche Arbeitszeit nicht überschreitet.

lung seines Betriebs für mehr als vierzig Tage nicht erteilt werden.

Für eine zwei Wochen übersteigende Dauer kann die gleiche Erlaubnis nur von der höheren Verwaltungsbehörde und auch von dieser für mehr als vierzig Tage, jedoch nicht für mehr als fünfzig Tage im Jahre nur dann erteilt werden, wenn die Arbeitszeit für den Betrieb oder die betreffende Abteilung des Betriebs so geregelt wird, daß die tägliche Dauer im Durchschnitte der Betriebstage des Jahres die regelmäßige gesetzliche Arbeitszeit nicht überschreitet.

Die Ermächtigungen des Bundesrates in § 139a erfordern ebenfalls eine Gegenüberstellung mit dem bisherigen Paragraphen. Die Veränderungen sind zum Teil mit Rücksicht auf die Beschlüsse der Berner Konvention gefaßt worden.

Bisherige Fassung:

§ 139a. Der Bundesrat ist ermächtigt:

1. die Verwendung von Arbeiterinnen sowie von jugendlichen Arbeitern für gewisse Fabrikationszweige, welche mit besonderen Gefahren für Gesundheit oder Sittlichkeit verbunden sind, gänzlich zu untersagen oder von besonderen Bedingungen abhängig zu machen;
2. für Fabriken, welche mit ununterbrochenem Feuer betrieben werden, oder welche sonst durch die Art des Betriebs auf eine regelmäßige Tag- und Nachtarbeit angewiesen sind, sowie für solche Fabriken, deren Betrieb eine Einteilung in regelmäßige Arbeitsschichten von gleicher Dauer nicht gestattet oder seiner Natur nach auf bestimmte Jahreszeiten beschränkt ist, Ausnahmen von den

Jetzige Fassung:

§ 139a. Der Bundesrat ist ermächtigt:

1. die Verwendung von Arbeiterinnen sowie von jugendlichen Arbeitern für gewisse Gewerbszweige, die mit besonderen Gefahren für Gesundheit oder Sittlichkeit verbunden sind, gänzlich zu untersagen oder von besonderen Bedingungen abhängig zu machen;
2. für Anlagen, die mit ununterbrochenem Feuer betrieben werden, oder die sonst durch die Art des Betriebes auf eine regelmäßige Tag- und Nachtarbeit angewiesen sind sowie für solche Anlagen, deren Betrieb eine Einteilung in regelmäßige Arbeitsschichten von gleicher Dauer nicht gestattet oder seiner Natur nach auf bestimmte Jahreszeiten beschränkt ist, Ausnahmen von den

im § 135 Abs. 2, 3, in §§ 136, 131 Abs. 1 bis 3 vorgesehenen Bestimmungen nachzulassen;

3. für gewisse Fabrikationszweige, soweit die Natur des Betriebs oder die Rücksicht auf die Arbeiter es erwünscht erscheinen lassen, die Abkürzung oder den Wegfall der für jugendliche Arbeiter vorgeschriebenen Pausen zu gestatten;

4. für Fabrikationszweige, in denen regelmäßig zu gewissen Zeiten des Jahres ein vermehrtes Arbeitsbedürfnis eintritt, Ausnahmen von den Bestimmungen des § 137 Abs. 1, 2 mit der Maßgabe zuzulassen, daß die tägliche Arbeitszeit dreizehn Stunden, an Sonnabenden zehn Stunden nicht überschreitet.

In den Fällen zu 2 darf die Dauer der wöchentlichen Arbeitszeit für Kinder sechsunddreißig Stunden, für junge Leute sechzig, für Arbeiterinnen fünfundsechzig, in Ziegeleien für junge Leute und Arbeiterinnen siebzig Stunden nicht überschreiten. Die Nachtarbeit darf in vierundzwanzig Stunden die Dauer von zehn Stunden nicht überschreiten und muß in jeder Schicht durch eine oder mehrere Pausen in der Gesamtdauer von mindestens einer Stunde unterbrochen sein. Die Tagschichten und Nachtschichten müssen wöchentlich wechseln.

In den Fällen zu 3 dürfen die jugendlichen Arbeiter nicht länger als sechs Stunden beschäftigt werden, wenn zwischen den Arbeitsstunden nicht eine oder mehrere Pausen von zusammen mindestens einstündiger Dauer gewährt werden.

im § 135 Abs. 2, 3, §§ 136, 137 Abs. 1 bis 3 vorgesehenen Bestimmungen zuzulassen, soweit § 136 Abs. 3 in Betracht kommt, jedoch nur für männliche jugendliche Arbeiter;

3. für gewisse Gewerbezweige, soweit die Natur des Betriebs oder die Rücksicht auf die Arbeiter es erwünscht erscheinen lassen, die Abkürzung oder den Wegfall der für jugendliche Arbeiter vorgeschriebenen Pausen zu gestatten;

4. für Gewerbezweige, in denen regelmäßig zu gewissen Zeiten des Jahres ein vermehrtes Arbeitsbedürfnis eintritt, auf höchstens vierzig Tage im Kalenderjahr Ausnahmen von den Bestimmungen des § 137 Abs. 1, 2, **4** mit der Maßgabe zuzulassen, daß die tägliche Arbeitszeit zwölf Stunden, an Sonnabenden acht Stunden nicht überschreitet, und die zu gewährende ununterbrochene Ruhezeit nicht weniger als zehn Stunden beträgt. In der ununterbrochenen Ruhezeit müssen die Stunden zwischen zehn Uhr abends und fünf Uhr morgens liegen;

5. für Gewerbezweige, in denen die Verrichtung der Nachtarbeit zur Verhütung des Verderbens von Rohstoffen oder des Mißlingens von Arbeitserzeugnissen dringend erforderlich erscheint, Ausnahmen von den Bestimmungen des § 137 Abs. 1 bis 4 mit der Maßgabe zuzulassen, daß die ununterbrochene

In den Fällen zu 4 darf die Erlaubnis zur Überarbeit für mehr als vierzig Tage im Jahre nur dann erteilt werden, wenn die Arbeitszeit so geregelt wird, daß ihre tägliche Dauer im Durchschnitte der Betriebstage des Jahres die regelmäßige gesetzliche Arbeitszeit nicht überschreitet.

Die durch Beschluß des Bundesrats getroffenen Bestimmungen sind zeitlich zu begrenzen und können auch für bestimmte Bezirke erlassen werden. Sie sind durch das Reichs-Gesetzblatt zu veröffentlichen und dem Reichstage bei seinem nächsten Zusammentritte zur Kenntnisnahme vorzulegen.

Ruhezeit an höchstens sechzig Tagen im Kalenderjahre bis auf achteinhalb Stunden täglich herab gesetzt werden darf.

In den Fällen zu 2 darf die Dauer der wöchentlichen Arbeitszeit für Kinder sechsunddreißig Stunden, für junge Leute sechzig, für Arbeiterinnen achtundfünfzig Stunden nicht überschreiten. Die Nachtarbeit darf in vierundzwanzig Stunden die Dauer von zehn Stunden nicht überschreiten und muß in jeder Schicht durch eine oder mehrere Pausen in der Gesamtdauer von mindestens einer Stunde unterbrochen sein. Die Tagschichten und Nachtschichten müssen wöchentlich wechseln.

In den Fällen zu 3 dürfen die jugendlichen Arbeiter nicht länger als sechs Stunden beschäftigt werden, wenn zwischen den Arbeitsstunden nicht eine oder mehrere Pausen von zusammen mindestens einstündiger Dauer gewährt werden.

In den Fällen zu 4 darf die Erlaubnis zur Überarbeit für mehr als vierzig Tage, jedoch nicht für mehr als fünfzig Tage dann erteilt werden wenn die Arbeitszeit in der Weise geregelt wird, daß ihre tägliche Dauer im Durchschnitte der Betriebstage des Jahres die regelmäßige gesetzliche Arbeitszeit nicht überschreitet.

Die durch Beschluß des Bundesrats getroffenen Bestimmungen sind zeitlich zu begrenzen und können auch für bestimmte Bezirke erlassen werden. Sie sind durch das Reichs-Gesetzblatt zu veröffentlichen und dem Reichstage bei seinem nächsten Zusammentritte zur Kenntnisnahme vorzulegen.

Die Einfügung der §§ 133g, 133h (siehe oben) nötigte ihm § 154 Abs. 1 zunächst zu einer Vorschrift, welche die Anwendung dieser Bestimmungen auf Gehilfen und Lehrlinge in Apotheken und Handelsgeschäften ausschließt, da für diese Anstalten hinsichtlich der Konkurrenzklausel die Vorschriften der §§ 74, 75 HGB. gelten. Dabei mußte zugleich auch der § 133 f (Konkurrenzklausel), der aus dem gleichen Grunde auf jene Personen keine Anwendung findet, für sie außer Kraft gesetzt werden. Wegen der festen Abgrenzung des Geltungsbereiches der Arbeiterschutzbestimmungen bedurfte es ferner der zahlreichen Ausnahmen, welche ebenfalls in § 154 Ab. 1 nunmehr gruppiert sind. Hervorgehoben sei, daß in Übereinstimmung mit dem jetzigen Rechtszustande Apotheken, Handelsgeschäfte, gewerblich betriebene Gärtnereien Bauten, Gast- und Schankwirtschaftsgewerbe, Musikaufführungen, Schaustellungen, theatralische Vorstellungen und sonstige Lustbarkeiten sowie das Verkehrsgewerbe von der Anwendung der mehrfach bezeichneten Arbeiterschutzvorschriften (§§ 131 i bis 139 aa) ausgenommen werden mußten.[113])

113) Zu der Novelle vom 28. Dezember 1908, die am 1. Januar 1910 in Kraft tritt, erließ der preuß. Minister für Handel und Gewerbe unter dem 25. November 1909 eine Ausführungsanweisung, die die Anweisung vom 1. Mai 1904 der Novelle entsprechend abändert. (Beilage zu Nr. 23 des Min.-Bl. d. Hand.- u. Gew.-Verw. v. 2. Dezbr. 1909) Folgendes aus ihr sei hervorgehoben. In einzelnen, für die Gewerbetreibenden in ihrem Verkehr mit den zuständigen Behörden wichtigen Punkten tritt eine Änderung der behördlichen Zuständigkeit ein. Die Verpflichtung zum Erlasse von Arbeitsordnungen besteht künftig nicht nur für Fabriken, sondern für alle gewerblichen Betriebe, in denen in der Regel mindestens 20 Arbeiter beschäftigt werden. Wesentliche Änderungen erfahren die Vorschriften über die Beschäftigung von jugendlichen Arbeitern und von Arbeiterinnen. Für das Anwendungsgebiet dieser Bestimmungen ist künftig nicht mehr der Begriff der Fabrik, sondern die Zahl der in dem Betriebe in der Regel beschäftigten Arbeiter maßgebend. Unter die Bestimmungen fallen: 1. Die gewerblichen Betriebe, in denen in der Regel mindestens zehn Arbeiter beschäftigt werden; 2. Ziegeleien und über Tage betriebene Brüche und Gruben, wenn darin in der Regel mindestens 5 Arbeiter beschäftigt werden; 3. Hüttenwerke, Zimmerplätze, andere Bauhöfe, Werften und Werkstätten der Tabakindustrie, auch wenn in ihnen in der Regel weniger als 10 Arbeiter beschäftigt werden; 4. Bergwerke, Salinen, Aufbereitungsanstalten und unterirdisch betriebene Brüche oder Gruben, soweit sie der Aufsicht der Bergbehörden nicht unterliegen, auch wenn in ihnen in der Regel weniger als 10 Arbeiter beschäftigt werden.

Nach den neuen Vorschriften ist den jugendlichen Arbeitern und den Arbeiterinnen nach Beendigung der täglichen Arbeitszeit eine ununterbrochene Ruhezeit von mindestens 11 Stunden zu gewähren. Die zulässige Arbeitsdauer ist für Arbeiterinnen auf 10 Stunden, an den Vorabenden der Sonn- und Festtage auf 8 Stunden beschränkt. Die Nachtruhe für jugendliche Arbeiter und Arbeiterinnen hat eine Erweiterung erfahren; die Beschäftigung darf nicht mehr über 8 (bisher $8^1/_2$) Uhr abends hinaus dauern und nicht vor 6 (bisher $5^1/_2$) Uhr morgens beginnen. Am Samstag, sowie an den Vorabenden der Sonn- und Festtage muß die Beschäftigung der Arbeiterinnen um 5 Uhr nachmittags enden. Die Vorschriften über die Pausen sind in der Hauptsache unverändert geblieben; die Vorschrift, daß Arbeiterinnen, die ein Hauswesen zu besorgen haben, auf ihren Antrag $^1/_2$ Stunde vor der Mittagspause zu entlassen sind, ist jedoch auch auf Arbeiterinnen unter 16 Jahren ausgedehnt worden. Die Vorschriften über den Wöchnerinnenschutz sind dahin erweitert worden, daß Arbeiterinnen vor und nach der Niederkunft im ganzen während 8 Wochen nicht beschäftigt und nach der Nieder-

VIII.

Schlußbetrachtung.

Bei dem hier unternommenen Versuche, die überaus verwickelte Materie auf einige klare Grundlinien zu bringen, bleibt dennoch der Eindruck einer überaus verschlungenen Position der meisten Rechtsregeln übrig. Es kann nicht dringend genug die Forderung gestellt werden, die Technik des Gesetzes

---

kunft erst wieder eingestellt werden dürfen, wenn nach ihr nachweislich 6 Wochen verflossen sind. Verboten ist eine Übertragung von Arbeit zur Verrichtung außerhalb des Betriebes für Sonn- und Festtage und für die Tage, an denen die jugendlichen Arbeiter und Arbeiterinnen die gesetzlich zulässige Arbeitszeit hindurch im Betriebe beschäftigt waren. Für Werktage, an denen sie im Betriebe kürzere Zeit beschäftigt waren, ist eine Übertragung von Arbeit zur Verrichtung außerhalb des Betriebes nur in dem Umfange zulässig, in dem Durchschnittsarbeiter ihrer Art die Arbeit voraussichtlich in dem Betriebe während des Restes der gesetzlich zulässigen Arbeitszeit würden herstellen können.

Die zulässige Überarbeit erwachsener Arbeiterinnen bei außergewöhnlicher Häufung der Arbeit und die Bewilligung von Überarbeit zu Reinigungs- und Aufräumungsarbeiten an den Vorabenden von Sonn- und Festtagen ist gegen früher beschränkt worden, ebenso die Überarbeit für erwachsene Arbeiterinnen bei Naturereignissen oder Unglücksfällen. Bevor die höhere Verwaltungsbehörde mit Rücksicht auf die Natur des Betriebes oder die Arbeiter Abweichungen von den gesetzlichen Vorschriften über die Pausen gestatten kann, muß stets dem ständigen Arbeitsausschuß oder, wo ein solcher nicht besteht, den Arbeitern Gelegenheit gegeben worden sein, sich über die in Aussicht genommene Abweichung gutachtlich zu äußern. Die entsprechenden Anträge sind an die Gewerbeinspektionen zu richten.

Eine ganz wesentliche Vereinfachung hat das Verfahren zur Erlangung von Ausnahmen bei außergewöhnlicher Häufung der Arbeit und bei Überarbeit an den Samstagen usw. erfahren. Zuständig für die Entscheidung ist die untere Verwaltungsbehörde (zurzeit der Landrat und die Bürgermeister in den Städten mit mehr als 1000 Einwohnern, bezw. der Polizeipräsident). Diese hatten bisher vor Bewilligung der Ausnahmen eine Äußerung des Gewerbeinspektors über die Zulässigkeit der Ausnahme herbeizuführen. Um das Verfahren zu kürzen, ordnete z. B. der Regierungspräsident in Köln bereits unter dem 28. Dezember 1905 an, daß die Anträge bei den Gewerbeinspektionen einzureichen und von diesen nach Prüfung weiterzugeben seien.

Die neue Anweisung führt eine weitere Vereinfachung herbei, indem sie die Gewerbeinspektoren für die genannten Fälle als untere Verwaltungsbehörde bezeichnet und ihnen die Entscheidung auf diese Anträge überträgt. Die bisher in der Ausführungsanweisung aufgestellten Grundsätze für die Handhabung dieser Genehmigungsbefugnisse sind in die neue Fassung der Ausführungsanweisung nicht übernommen worden. Denn ihre Fassung hat zu manchen Mißverständnissen Anlaß gegeben, und nach den bisherigen Erfahrungen erscheint es auch nicht wohl möglich, den mannigfachen Bedürfnissen des praktischen Lebens durch eine allgemein gültige Form gerecht zu werden, während zu erwarten ist, daß auch ohne eine solche die Gewerbeaufsichtsbeamten auf Grund ihrer besonderen Vorbildung und ihrer gesamten dienstlichen Tätigkeit den billigen Ausgleich zwischen den berechtigten Interessen der Arbeitgeber und Arbeiter finden werden.

Es wird bereits anerkannt, daß durch dieses vereinfachte Verfahren dem Bedürfnis der Industrie nach möglicher Beschleunigung der Entscheidungen entsprochen und eine wesentliche Verminderung des Schreibwerks bei den Behörden herbeigeführt wird.

zu verbessern und den durch Hineinarbeiten der Novellen unübersichtlich gewordenen Rechtszustand mindestens durch eine Neuredaktion von seinen größten Unzulänglichkeiten zu befreien. Aber des weiteren wird auf die Dauer unerläßlich sein, sowohl ein besonderes Arbeiterschutzrecht in besonderer Form und selbständig zu schaffen, hier einen allgemeinen Teil, der sich über die Grundbegriffe verhält und der unzählige Verweisungen überflüssig machen dürfte, voranzustellen und das spezielle Recht nachfolgen zu lassen. Ferner wird es als zweckmäßig angesehen werden müssen, das Handwerkerrecht ebenfalls als ein besonderes geschlossenes Gesetz herauszuheben, wie denn auch das praktische Leben auf dem richtigen Wege war, als es die Novelle vom 26. Juli 1897 als Handwerkergesetz bezeichnete, obwohl nur ein Teil der Gewerbeordnung vorlag. Diese Verselbständigung großer, im Laufe der Jahrzehnte in den Rahmen der Gewerbeordnung gelangter Rechtsmaterien hat aber nicht bloß gesetzestechnische Bedeutung, hat nicht bloß den Wert einer leichteren Orientierung für die jeweils von ihm betroffenen Berufskreise, sondern noch einen materiellen, nicht zu unterschätzenden Vorzug. Bei aller auf die Abgrenzung der verschiedenen Titel der Gewerbeordnung verwendeten Sorgfalt ist dennoch ein Hinübergreifen von dem einen in den anderen unvermeidlich gewesen und hat die Verselbständigung des Spezialrechts, sei es der industriellen, sei es der handwerksmäßigen Arbeiter bis zu einem weitgehenden Grade verhindert. Was aber für die einen paßt, paßt nicht notwendig für die andern. So würde ein selbständiges Handwerkerecht sich von vornherein oder mit der Zeit von allen Ingredienzien aus ihm selbst innewohnender eigener Kraft zu befreien wissen, die ihren Ursprung in dem Rechte der Fabrikarbeiter oder der Werkmeister und Techniker oder der Angestellten im Handelsbetriebe haben. Umgekehrt würden diese Arbeitergruppen wieder zu einem in sich verselbständigten Rechte gelangen können.

Mit einer solchen Entwickelung aber wird in der nächsten Zeit notwendig zu rechnen sein. Die eingangs (siehe oben S. 9) dargelegte reiche Fülle von Stoff, die in der noch nicht erledigten großen Gewerbeordnungsnovelle und in den durch sie erzeugten parlamentarischen und außerparlamentarischen Arbeiten niedergelegt ist, wird notwendiger Weise zu einer Klärung wichtiger Grundfragen des Arbeiterschutzrechtes und zu ihrer weiteren Ausgestaltung, voraussichtlicher Besserung, führen. Es ist hierbei mit Rücksicht auf meine soeben dargelegte Forderung einer Verselbständigung der einzelnen Gebiete nicht ohne Bedeutung, ob die zu erwartenden Vorschriften, Ergänzungen und Neuerungen innerhalb der Gewerbeordnung ihren Platz finden werden, oder ob sie, was schon an manchen Stellen geplant ist, in die Form eines besonderen Gesetzes gegossen werden. Mit der Erledigung dieser noch bevorstehenden Gesetzgebungsarbeit wird und muß aber unser Arbeiterschutzrecht zu einer vorläufigen Beruhigung kommen. Den Interessen mancher politischer Parteien mag es durchaus entsprechen, mit ständig erneuten Anträgen an die gesetzgebenden Körperschaften und in diesen selbst hervorzutreten und den ewigen

Fluß der Dinge auch hier in die Erscheinung treten zu lassen. Gewiß wird man eine Stagnation als unerwünscht betrachten müssen, aber ebenso unerfreulich ist der fast jährlich wechselnde Stand des Arbeiterschutzrechtes, der weder dem Rechtstheoretiker die Sicherheit einer in der nächsten Zeit ohne Wandlung bleibenden Rechtsmaterie bietet, noch auch in politischer und nicht zuletzt in industrieller Beziehung das Ruhebedürfnis, das im Verhältnisse von Arbeitgeber und Arbeitnehmer sich geltend macht, ausschaltet. Soweit aber Neuerungen gewünscht und durchgeführt werden sollen, müßten sie in Zukunft nicht in der Form eines unseligen Flickwerkes, sondern in der Gestalt großzügiger Samtregelung je einer geschlossenen Materie stattfinden. Dazu, daß dies geschehe, wird, wie ich glaube, eine noch vielfach mit ihrer Arbeit zurückhaltende wissenschaftliche Theorie ebenso beitragen können, wie das für die Materie des sozialen Rechtes in erfreulichem Wachstum begriffene Interesse der Juristen und höheren Verwaltungsbeamten.

FSC
www.fsc.org
MIX
Papier | Fördert
gute Waldnutzung
FSC® C083411

Kolibri 360 GmbH
Ferdinand-Jühlke-Straße 7
99095 Erfurt, Deutschland
produktsicherheit@kolibri360.de